典 廉

典籍故事中的清廉

陈立峰◎主编

U0630754

燕山大学出版社

·秦皇岛·

图书在版编目（CIP）数据

典廉：典籍故事中的清廉 / 陈立峰主编．—秦皇岛：燕山大学出版社，2024.3
ISBN 978-7-5761-0459-2

Ⅰ．①典… Ⅱ．①陈… Ⅲ．①廉政建设－中国－通俗读物 Ⅳ．①D630.9-49

中国国家版本馆 CIP 数据核字（2024）第 022781 号

典廉

——典籍故事中的清廉

DIAN LIAN

陈立峰 主编

出 版 人： 陈 玉

责任编辑： 刘馨泽　　**策划编辑：** 刘馨泽

责任印制： 吴 波　　**封面设计：** 方志强

出版发行： 燕山大学出版社 YANSHAN UNIVERSITY PRESS　　**电　　话：** 0335-8387555

地　　址： 河北省秦皇岛市河北大街西段 438 号　　**邮政编码：** 066004

印　　刷： 涿州市般润文化传播有限公司　　**经　　销：** 全国新华书店

开　　本： 700mm×1000mm　1/16　　**印　　张：** 13.5

版　　次： 2024 年 3 月第 1 版　　**印　　次：** 2024 年 3 月第 1 次印刷

书　　号： ISBN 978-7-5761-0459-2　　**字　　数：** 156 千字

定　　价： 62.00 元

序　言

中华文化源远流长，积淀着中华民族最深层次的精神追求，代表着中华民族独特的精神标识。习近平总书记在系列重要讲话、文章中多次引经据典，给人们以深刻的思想启迪和巨大的精神鼓舞，彰显了大国领袖持经达变的大视野、大气魄、大胸怀。“问渠那得清如许？为有源头活水来。”习近平总书记的语言之所以引人入胜，一个重要原因就在于他善于引用古代典籍和历史故事，在古为今用、旁征博引中给予我们思想启迪。

浰浰青史，总有廉洁清风徐徐吹来。5000多年来，从诸子百家到唐诗宋词，诸多用典、廉洁故事为我们留下的宝贵资源，是新时代廉洁文化建设的重要源泉。

在古代典故中，以“利民之事，丝发必兴；厉民之事，毫末必去”明确为政必须牢记宗旨意识，用“临渊羡鱼，不如退而结网”说明实干兴邦的道理，引“其身正，不令而行；其身不正，虽令不从”论述领导干部榜样作用的重要性，借“奢靡之始，危亡之渐”道明“四风”危害，凡此种种，不胜枚举。

在古代廉洁故事中，有甘士阶的“体察民情”，还有苏轼的“行成于廉”，更有诸葛亮的“鞠躬尽瘁”；有杨震的“暮夜却金”，还有魏象枢的“赏廉罚贪”，更有周敦颐的“清醒廉辨”。廉政之士，不可胜数。

习近平总书记指出，研究我国反腐倡廉历史，了解我国古代廉政文化，考察我国历史上反腐倡廉的成败得失，可以给人以深刻启迪，有利于我们运用历史智慧推进反腐倡廉建设。中铁工业从习近平总书记关于廉政文化的重要论述中，找到了企业廉洁文化建设的答案，那就是在企业党风廉政建设中增加廉洁文化含量、营造廉洁文化生态、强化廉洁文化涵养功能。中铁工业以《周礼》中“六廉”思想为基础，总结、提炼，形成了“守正创新，六廉兴企”的“六廉”文化理念。经过3年多的深耕与发展，“六廉”文化在中铁工业一体推进“三不腐”中发挥着越来越重要的基础性作用。

“以铜为镜，可以正衣冠；以史为镜，可以知兴替；以人为镜，可以明得失。”中铁工业纪委深入贯彻落实《关于加强新时代廉洁文化建设的意见》的要求，编辑出版《典廉——典籍故事中的清廉》，梳理了“徙木立信”等50则历史典故，挖掘了蕴藏其中的廉洁思想；整理了“廉政始祖——召公”等14位历史廉洁人物故事，展现了古圣先贤、清官廉吏的嘉言懿行，让书写在典籍里的故事“活”起来，让蕴含在典籍里的真理“走”出来，让赋存在典籍里的清廉精神“传”下来。

“功崇惟志，业广惟勤。”让我们从中华优秀历史廉政典故中牢记初心和使命、坚守责任与担当，希望广大党员干部鉴古知今、弘扬正气，将《典廉——典籍故事中的清廉》作为枕边书、案头书，常翻阅、勤学习，深刻汲取传统廉洁文化精华，用中华优秀传统文化涵养克己奉公、清廉自守的精神境界，不断增强拒腐防变能力，为中铁工业建设世界一流企业保驾护航。

目录

CONTENTS

廉之源

廉之典

目录 CONTENTS

目录 CONTENTS

目录 CONTENTS

廉之源

LIAN
ZHI YUAN

廉是一个形声字，《说文解字》解释为“廉，仄也，从广兼声”。在古汉语中，从广的字一般都与房屋有关。段玉裁在《说文解字注》中说：“堂之边曰廉。”《仪礼·乡饮酒礼》载：“设席于堂廉，东上”，郑玄注曰：“侧边曰廉”。可知，“廉”的本义是指厅堂的侧边，又因其特点是平直方正、棱角锋利，故而引申为形容人品行方正等道德范畴的含义，《孟子注疏》曰：“廉，人之高行也。”一般认为，以“兼”为声旁的汉字多与“小”“少”“狭窄”之义有关。《说文解字注》中说：“廉，引申之为俭也。”东汉刘熙《释名·释言语》载：“廉，敛也，自检敛也。”后来便逐渐将“廉”引申为节俭、少拿、不贪取等含义，《孟子·离娄下》说：“可以取，可以无取，取伤廉。”古籍中，常把品行端正、不贪不占之人称为“廉士”。

不同字体的“廉”

廉是中华民族的传统美德，也是中华民族传统文化的重要组成部分。中国廉政文化萌芽于中华文化形成之初，有着悠久的历史，其源头可追溯到上古原始氏族部落时期。那时，人类虽然没有后世严格意义上的廉政意识，却有了平均分配食物的概念，有了最早的廉政行为和措施，并给后世留下了民主议事、推举有德者居其位的廉政记忆。一位叫皋陶的部落首领首先提出了九德，即宽而栗，柔而立，愿而恭，乱而敬，扰而毅，直而温，简而廉，刚而塞，强而义。这里所提到的“简而廉”，就是中华传统文化中关于廉政文化的最早记载。

皋陶提出的“九德”

把廉作为一种比较完整的道德观念和治国思想，是在西周初年。《周礼·天官冢宰·小宰》曰：“以听官府之六计，弊群吏之治。”一曰廉善，指善于行事，并且有较高的道德修养；二曰廉能，指能行政令，较好地贯彻各项法令；三曰廉敬，指不懈于位，恪尽职守；四曰廉正，指不倾邪，品行方正；五曰廉法，指守法不失，执法不移；六曰廉辨，指临事分明，头脑清楚不疑惑。小宰是西周天官的属官，其重要职责之一就是评判官吏的善、能、敬、正、法、辨六件事。这种以廉为本考察群吏的政绩、裁断高下优劣的做法，称为“六廉”。遵循《周礼》的准则，两千多年的中国封建社会都把“廉”作为传统道德的核心，形成了一个比较完整的道德体系。

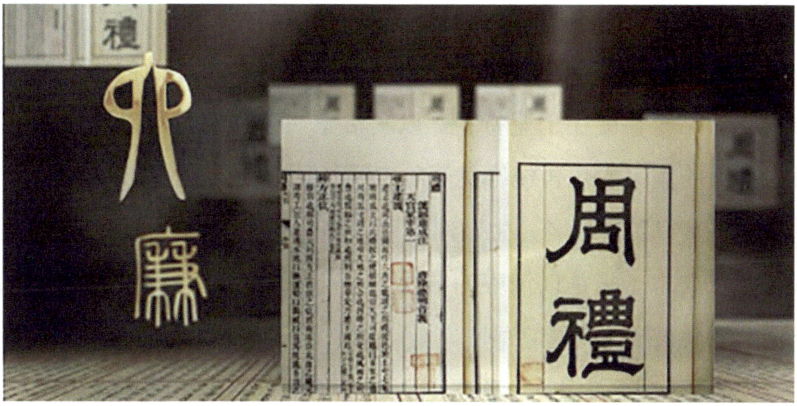

儒家经典——《周礼》

春秋战国时期，诸子百家无一不褒扬廉，其中法家把廉和政结合起来考察，认为“礼义廉耻”是立国之本，并制定了“廉不蔽恶”的原则。墨家学派强调廉在道德伦理中的重要意义，最早把廉作为重要德性提出来，认为君子之德有廉、义、爱、哀四行。儒家认为：“礼义廉耻，国之四维，四维不张，国乃灭亡。”国之四维，即维系国家生存发展的四大道德伦理和精神支柱。其中，廉即廉政思想又得到进一步的提升，强调廉者，政之奉也。儒家代表人物孔子更是明确地提出了为政以德的主张。据此，古代中国的统治者们为了稳固国家的统治，维护各自集团的利益，都不同程度地推崇廉政思想，并把廉政作为官德的重要内容和衡量社会风气好坏的重要准则，廉政文化也因此得到不断巩固和弘扬。

古代先贤倡导为政清廉，“达则兼济天下，穷则独善其身”的立身准则见诸经史子集，士大夫讲究礼义廉耻、清廉自守、重义轻利的故事史不绝书。古往今来，儒家圣贤都是廉政文化的建设者。春秋子罕“以廉为宝”；三国诸葛亮至死之日，内无余帛，外无赢财；明朝于谦

"清风两袖朝天去，免得闾阎话短长"。无数文臣武将"苟利国家，不求富贵"，清正廉明，永留青史。还有许多历经数百年而门第兴盛的家族，其治家秘诀就在于坚持了"以孝治家，以义济世，以忠报国，以廉居官"的儒家文化传统。甚至制定了惩治贪赃之徒的"家法"，"子孙出仕，有以赃墨闻者，生则削谱除族籍，死则牌位不许入祠堂"。历代很多仁人志士正是以清廉为节操，在历史舞台上留下了光彩夺目的一页，被后人歌颂为清官廉吏。

"廉者，政之本也。"廉政建设是共产党人的历史使命。中国共产党的百年征程，是一部党带领中国人民逐步实现伟大复兴中国梦的历史，也是一部党为永葆先进性和纯洁性，不断防范被腐化、被瓦解危险的反腐倡廉史。从毛泽东到邓小平，从江泽民到胡锦涛再到习近平，党的历代领导人都遵循全心全意为人民服务的根本宗旨，力图通过多举措的廉洁建设将"廉荣贪耻"的理念渗透转化为人们普遍信奉的道德操守和行为规范。

新民主主义革命时期，党内第一个治理腐败的专门文件——《坚决清洗贪污腐化分子》的通告正式发布，党史上第一个中央监察机构——中央监察委员会在党的五大产生，毛泽东同志在西柏坡首次提出"两个务必"。这一时期，党开展的一系列行之有效的廉政建设实践探索，包括建设廉洁政府、依法惩治贪污腐败、发挥人民群众的检举和监督作用、加强廉政教育等，为新中国成立后的反腐倡廉建设积累了经验。社会主义革命和建设时期，人民监察委员会、中央及各级党的纪律检查委员会相继成立，向刘青山、张子善砍出新中国反腐"第一刀"，有效净化了新中国成立初期的党风政风社风。改革开放和社会主义现代化建设时期，国家行政监察体制恢复重建，首个地方监察机关深圳市监察局成立，胡长清、成克杰、陈良宇等党员领导干部相继落马。“反腐败斗争形势是严峻的”重大判断逐渐成为全党的共识。新时代，以习近平同志为核心的党中央以“刮骨疗毒、壮士断腕”的决心和勇气，力挽狂澜，重拳出击，惩贪去恶，坚决推进全面从严治党，反腐败斗争取得压倒性胜利并全面巩固。

为政之道，修身为本。习近平总书记强调：“全党同志都要明大德、守公德、严私德，清清白白做人、干干净净做事，做到克己奉公、以俭修身，永葆清正廉洁的政治本色。”党员干部的党性修养、道德水平，不会随着党龄工龄的增长而自然提高，也不会随着职务的升迁而自然提高，必须强化自我约束、自我修炼、自我改造。当前，我们已开启全面建设社会主义现代化国家新征程，更需要党员干部崇尚大德、公德、品德。共产党人永葆对党的忠诚之心，对人民的赤子之心，永葆先进性和纯洁性，必定能立起高尚道德品质的标杆，不断把中国特色社会主义伟大事业推向前进，努力创造属于我们这一代人的历史功绩。

廉政始祖——召公

召公雕像

召公，姓姬，名奭（shì），出生于“堇荼如饴”的古西岐，采邑在召（今陕西岐山西南），是周文王姬昌的庶子、周武王的异母弟，位列三公，故称召公，亦称召伯。作为西周初年著名的政治家、军事家，召公先后辅佐文王、武王、成王、康王，为开拓周王朝成康之治立下了不世之功，被后世誉为“旷代辅弼”，更被誉为廉政始祖，堪称华夏廉政文化第一人。他的廉政思想和行为，成为历代官吏和士庶的标杆，是当代人反思借鉴的一面镜子。

成康之治

周文王姬昌时，召公帮助其处理西岐事务，曾巡行江汉诸国，布文王之教，为后来的伐纣战争建立了统一战线。召公还和太公姜子牙、周公姬旦一起，参与武王姬发伐纣，发挥了卓越的军事才能。后来，又奉周武王之命，“释箕子之囚”。成王姬诵年幼时，召公协助周公摄政，稳定了建国不久的动荡局面，镇压了管叔、蔡叔、霍叔等三监和东夷的叛乱。又和周公一起，主持“成周”的设计和建造过程，并被进位为太保。随后又以高龄之年佐周康王姬钊，不负众望，教导康王，励精图治，使“成、康之际，天下安宁，刑措四十余年不用”。周朝出现了国力强盛、经济繁荣、文化昌盛、社会安定的局面，史称“成康之治”。召公辅政业绩卓著，功垂千古，而他在辅政中一以贯之的从政理念、清廉作风、惜民爱民的人格魅力，更是如日月经天，江河行地，光耀千秋。

敬德保民

廉政不仅仅是指为官清廉，更在于心存国家，有着忠实于国家的爱国之心，一切从国家利益出发，这是召公政绩卓著的原生动力。召公最先提出“敬德保民”的施政理念，还提出最高统治者要以身作则，成为德的典范。在《尚书·周书·召诰》中记载：“其惟王位在德元，小民乃惟刑用于天下，越王显。”大意为王有德，小民才能效法，王业自然就显达了。召公在辅佐武王期间，就曾因西方旅国送武王一只獒，担心会使武王玩物丧志而作《旅獒》，劝君主“明王慎德”。在《诗经·大雅·卷阿》中记载：“岂弟君子，四方为则。”大意为召公告诫成王，王要做天下的榜样，最高统治者应有仁德，成为庶民的模范。

甘棠遗爱

一个好的官吏要心系百姓，有着爱民之心，懂得体恤百姓之苦，更应该为官清廉。心存官德是召公终身践行的准则。召公履政尤以保民护民为准则，年复一年、日复一日地深入基层，了解下情，解决人民疾苦，评审狱讼，留下了千古传颂的“甘棠遗爱”的佳话。召公卒，而民仍思召公之政，怀棠树不敢伐。歌咏之，作《甘棠》之诗：“蔽芾甘棠，勿剪勿伐，召伯所茇。蔽芾甘棠，勿剪勿败，召伯所憩。蔽芾甘棠，勿剪勿拜，召伯所说。”意思是枝叶茂盛的棠梨，不剪不砍莫动它，召伯曾留在树下。枝叶茂盛的棠梨，不剪不劈莫损它，召伯曾歇在树下。枝叶茂盛的棠梨，不剪不拔莫伤它，召伯曾停在树下。召公常处理政务于朝野，曾有“有司请营邵以居”，即办理具体事务的官员请求营建召地，让召伯居住。而召公用“以吾一身而劳百姓，此非吾先君文王之志也”的话语断然拒绝了下属。

这一桩桩、一件件，无一不透露出召公那真挚的爱民情怀，特别是他那“劳一身而不劳民”的精神境界让多少贪暴者汗颜，也因此得到了百姓的衷心赞美，体现了儒家“民惟邦本，本固邦宁”的思想。召公不劳民、不扰民的清风正气，使他成为千百年来官吏的楷模，被人们怀念。人们把甘棠树当作召公清廉贤明、德政爱民的化身来敬拜，“棠阴”也成为良吏政绩的代称。

清风润企“廉”花开

“守正创新，六廉兴企”是中铁工业坚持以习近平新时代中国特色社会主义思想为指导，深入贯彻落实《关于加强新时代廉洁文化建设的意见》，立足中华优秀传统文化和企业发展实际总结提炼形成的新时代国有企业廉洁文化理念。

“守正创新”指中铁工业全面落实习近平总书记对党和国家工作提出的“守正创新”明确要求，将“守正创新”转化为引领企业高质量发展的理念驱动。“守正”，即坚守正道。习近平总书记指出：“要坚守正道、追求真理，立足我国国情，放眼观察世界，不妄自菲薄，不人云亦云。”中铁工业贯彻落实“守正”理念，旨在要求党员干部立足企业改革发展实际，把握历史发展规律，守住党纪国法的底线，坚持初心不改变、航向不偏离、决心不动摇。“创新”，是指创新驱动企业高质量发展。习近平总书记指出：“创新是民族进步之魂。”中铁工业贯彻落实“创新”理念，旨在要求党员干部通过理论创新、实践创新，实现党的领导与公司治理有机统一、思想政治工作和企业文化建设有机统一、党建责任与经营责任有机统一。“守正”与“创新”二者相辅相成、辩证统一，只有立足传统才能突破传统，只有依托现实才能推动变革。

“六廉兴企”是中铁工业以《周礼》中“六廉”思想为基础，立足旗帜鲜明的红色基因、守正创新的企业文化和“三不腐”一体推进的工作成效，总结提炼形成的廉洁理念。“六廉”具体指党员干部必须具备的六种品质，即廉善、廉能、廉敬、廉正、廉法、廉辨。“廉善”即以人为本、善待群众的为民情怀，贯彻群众路线，尊重人民首创精神，形成同心圆梦的强大合力；“廉能”即敢于担当、有所作为的业务能力，树立选人用人正确导向，建设堪当大任的高素质干部队伍；“廉敬”即恪尽职守、勤勉敬业的工作态度，不负使命，不辱重托，走好新时代的赶考之路；“廉正”即廉洁自律、持方守正的道德品行，自我净化、自我革命，时刻牢记全面从严治党永远在路上，党的自我革命永远在路上；“廉法”即遵纪守法、依法治企的法治观念，健全党统一领导、全面覆盖、权威高效的自我革命制度规范体系；“廉辨”即头脑清醒、明察果断的领导素质，坚持不懈用习近平新时代中国特色社会主义思想凝心铸魂。

推进“六廉”文化建设突出了落实习近平总书记“三个转变”重要指示与企业高质量发展的结合。作为“三个转变”重要指示的首倡地，中铁工业牢记总书记的嘱托，切实把践行“三个转变”重要指示转化为企业高质量发展的具体行动，转化为企业全面从严治党、筑牢防腐堤坝的政治引领，转化为解决企业廉政文化建设突出问题的重要抓手，是推动廉洁文化建设实起来、强起来的强大理念支撑。

推进“六廉”文化建设突出了中华优秀传统文化与马克思主义基本原理的有机结合。党的十八大以来，党中央在反腐败斗争中取得了显著成效，积累了重要经验，“三不腐”一体推进是全党推进党风廉政建设和反腐败斗争经验的发展和创新，其中“不想腐”是根本，也是最重要的。中铁工业从习近平总书记关于实现马克思主义基本原理与中华优秀传统文化相结合的重要论述中，找到了“六廉”文化建设的答案，那就是在企业党风廉政建设中增加廉洁文化含量、营造廉洁文化氛围、强化廉洁文化涵养功能，充分发挥廉洁文化理念在“三不腐”一体推进中的基础性作用。

推进“六廉”文化建设突出了廉洁文化与服务企业高质量发展实践的结合。从中央纪委国家监委第四监督检查室2022年综合日常监督、查办案件、信访举报等情况的披露看，有的企业领导人员还存在“企业特殊论”，有松口气、歇歇脚的想法；有的领导人员带头搞腐败，反映“关键少数”的问题还比较集中；有的企业“四风”反弹压力还很大，靠企吃企、关联交易、违规经商办企业等问题隐形变异。中铁工业着眼企业发展需要和本单位存在的一些问题现象，制定形成有针对性的廉洁文化建设方案，将警示教育与文化启迪相融合，进一步突出了廉洁文化思想的倡导引领作用。

近年来，中铁工业以“三四三”工作法持续深耕“六廉”文化建设，即“三个精准”：精准定位、精准融合、精准发力；“四项工程”：平台铸廉工程、睹物思廉工程、阳光照廉工程、文化兴廉工程；“三个机制”：日常管理机制、内部协同机制、监企共建机制。中铁工业文化建设成果先后6次被中央纪委国家监委网站要闻等栏目播报，并分别荣获中国中铁2021、2022年度现代化管理创新一等奖，全国第二十八届企业管理现代化创新成果二等奖和中央企业2022年度政研课题成果一等奖，被编入国资委《新时代国有企业党建工作探索创新研究》。目前，中铁工业“六廉”文化建设已经从“大写意”进入“工笔画”阶段，持续为一体推进“三不腐”护航企业高质量发展提供重要支撑。

廉之典

LIAN
ZHI DIAN

“执古之道，以御今之有。”中华优秀传统文化源远流长、博大精深，是中华文明的智慧结晶。习近平总书记在讲话、文章中，精妙的典故信手拈来，广博的引用贯通古今，展现了高超的思想境界和高度的文化自信，为我们积极学习优秀传统文化、努力做到古为今用树立了榜样。《关于加强新时代廉洁文化建设的意见》中指出，要用中华优秀传统文化涵养克己奉公、清廉自守的精神境界。五千多年的中华文明史涌现出诸多廉洁典范，流传着许多廉洁故事，这些都是新时代廉洁文化建设的重要源泉。在学习贯彻习近平新时代中国特色社会主义思想过程中，我们牢记习近平总书记的指示，积极研究我国反腐倡廉历史，了解我国古代廉政文化，结合全面从严治党，纵深推进党风廉政建设工作，从历史典籍中精心摘录了50则廉洁古语供广大党员干部学习。希望广大党员干部在学习中领略中华廉洁文化思想的博大精深，不断加强自身修养，培养运用历史智慧推进党风廉政建设和反腐败工作的思维意识，推进中华优秀传统廉洁文化根脉在赓续中创新发展，在传承中历久弥新，以守正创新的正气锐气谱写新时代廉洁文化建设华章，助力“三不腐”一体推进。

01

徙木立信

【典出】

孝公既用卫鞅，鞅欲变法，恐天下议己。……令既具，未布，恐民之不信，乃立三丈之木于国都市南门，募民有能徙置北门者予十金。民怪之，莫敢徙。复曰：『能徙者予五十金。』有一人徙之，辄予五十金，以明不欺。卒下令。

——〔西汉〕司马迁《史记·商君列传》

——中铁宝桥 常晓斌 绘

【释义】

秦孝公已经任命了卫鞅，卫鞅想要实施变法，却怕天下人对自己产生非议。……法令已经完备，但没有公布，卫鞅恐怕百姓不信任，于是在国都市场南门立下一根三丈长的木杆，招募百姓，谁能将木杆搬到北门就赏他十镒黄金。百姓对此感到惊讶，没有人敢去搬木杆。卫鞅就又宣布命令说："谁能够把木杆搬过去就赏他五十镒黄金。"有一个人把木杆搬到了北门，立即赏给他五十镒黄金，以表明没有欺诈。终于颁布了变法的法令。

【启示】

战国时期，秦国孝公为使国家强大，大力支持商鞅实施变法。商鞅通过徙木立信之举顺利推行了变法，树立了秦国统治者的公信力，为秦国统一六国奠定了坚实基础。党的十八大胜利闭幕后，党中央制定实施"八项规定"，从习近平总书记做起、从中央政治局常委会做起、从中央政治局做起、从"关键少数"做起，带头严格执行，迅速形成"头雁效应"，推动党的建设新的伟大工程展现出新的气象。作为国有企业，在深化改革推进高质量发展上，领导干部必须身体力行、以身作则，树立威信、赢得公信，更好地凝聚广大职工群众的智慧力量，营造企业上下心往一处想、劲往一处使的干事创业氛围，汇聚强大发展合力。

02

成其身而天下成，治其身而天下治

【典出】

昔者，先圣王成其身而天下成，治其身而天下治。故善响者不于响于声，善影者不于影于形，为天下者不于天下于身。

——《吕氏春秋·先己》

——中铁宝桥 常晓斌 绘

【释义】

过去，圣明君主成就自身从而成就天下，整治自身就可以整治天下。了解回声的人不在回声上花精力而研究声源，了解影子的人不着意影子而研究形体，治理天下的人不刻意注重天下而应修养自身。

【启示】

如何跳出历史周期率？党始终在思索、一直在探索。毛泽东在延安窑洞给出了“让人民来监督政府”的第一个答案；经过百年奋斗，特别是党的十八大以来应对“四大考验”“四大风险”的新实践，党又给出了自我革命的第二个答案。勇于自我革命才能实现凤凰涅槃，面对纷繁复杂的市场环境和发展业态，国有企业党员干部要以勇于自我革命的勇气，做到刀刃向内、刮骨疗毒，坚决清除影响、制约、破坏企业高质量发展的顽瘴痼疾，保持企业发展肌理健康，不断提升企业核心竞争力和综合实力，助力世界一流企业建设。

03

国家之败，由官邪也

【典出】

今灭德立违，而置其赂器于大庙，以明示百官。百官象之，其又何诛焉？国家之败，由官邪也；官之失德，宠赂章也。

——《左传·桓公二年》

——中铁宝桥 常晓斌 绘

【释义】

现在君王毁灭德行，树立违礼的坏榜样，把别国贿赂的宝器安放在太庙里，以此明白昭示百官。百官都来效法，君王又用什么去惩罚他们呢？国家的衰败，是由于官吏不走正道。官吏丧失德行，则是由于国君宠爱和贿赂风行。

【启示】

腐败是最容易颠覆政权的问题。党的十八大以来，党中央以“得罪千百人，不负十四亿”的使命担当去疴治乱，坚持无禁区、全覆盖、零容忍，坚持重遏制、强高压、长震慑，坚持有案必查、有腐必惩，“打虎”“拍蝇”“猎狐”多管齐下，有效铲除了党员干部队伍中的腐败分子和“两面人”，反腐败斗争取得压倒性胜利并全面巩固。国有企业党员领导干部处在决策层、关键位，其作风问题对企业的发展至关重要。因此，要务必加强对党员领导干部的全方位管理和经常性监督，督促其不断提高拒腐防变免疫力，绷紧思想之弦、严守纪律红线，争做忠诚可靠堪当重任的中坚力量，切实扛起引领企业实现高质量发展先行军的职责。

04

心不可乱，则利至而必知，害至而必察

【典出】

主大计者，必执简以御繁，以简自处，而以繁寄人。以简自处，则心不可乱；心不可乱，则利至而必知，害至而必察。

——〔北宋〕苏辙《上皇帝书》

——中铁宝桥 方金娜 绘

【释义】

主持全局、谋划大计方略的人，必须掌握住简明的总纲，去驾驭纷繁的事务，自己掌握总纲，把繁杂的事务交给手下人去办。自己的心思端正，那么有利益的事来临，就必然能够意识到，有危害的事来临，就必然能够觉察到。

【启示】

守住拒腐防变防线，最紧要的是守住内心。《元史》中也记载了理学家许衡广为流传的“梨虽无主，我心有主”的故事。习近平总书记以此来激励中青年干部要守住内心，守住拒腐防变防线。对党员干部来说，政治标准是首要标准，政治能力是首要能力，提升政治能力是刚性要求。为此，要不断增强“四个意识”，坚定“四个自信”，做到“两个维护”，不断提高政治判断力、政治领悟力、政治执行力。作为企业，要将政治建设作为党员干部教育培训的“第一课程”，引导党员干部强化政治担当，严守政治纪律和政治规矩，做政治上的明白人、纪律上的规矩人、业务上的带头人。

05

治国有常，利民为本

【典出】

治国有常，而利民为本；
政教有经，而令行为上。

——《淮南子·氾论训》

——中铁宝桥 常晓斌 绘

【释义】

治理国家有不变的法则，但最根本的是让人民获利；政治教化也有固定的模式，但最紧要的是让政令畅通无阻。

【启示】

江山就是人民，人民就是江山。作为马克思主义政党，中国共产党一经诞生，就把为人民服务写在了旗帜上，就把为中国人民谋幸福、为中华民族谋复兴确立为自己的初心使命，并领导人民创造了新时代中国特色社会主义的伟大成就。作为企业，依靠职工群众才是发展的最大底气，要始终坚持与职工群众同呼吸、共命运、心连心，始终同职工群众想在一起、干在一起，持续做好“我为群众办实事”实践活动，以职工满意不满意、幸福不幸福作为检验工作的重要标尺，努力让广大职工获得感成色更足、幸福感更可持续、安全感更有保障，构建改革发展成果与职工共建共享的工作格局。

06

富贵不能淫，贫贱不能移，威武不能屈

【典出】

得志，与民由之；不得志，独行其道。富贵不能淫，贫贱不能移，威武不能屈，此之谓大丈夫。

——《孟子·滕文公下》

——中铁重工 陈子贤 绘

【释义】

能实现理想时，就同民众一起走这条正道；不能实现理想时，就独自行走在这条正道上。富贵不能使他的思想迷惑，贫贱不能使他的操守动摇，威武不能使他的意志屈服，这才是有气节、有作为的男子。

【启示】

习近平总书记在党的二十大报告中号召全党同志牢记“三个务必”：“务必不忘初心、牢记使命，务必谦虚谨慎、艰苦奋斗，务必敢于斗争、善于斗争。”这一伟大号召，充分彰显了中国共产党人自警自励的政治智慧和求真务实的政治品格。国有企业作为中国特色社会主义的重要物质基础和政治基础，切实担负起“六种力量”的时代定位，就必须要始终坚守发展初心，始终保持创业时期的奋斗精神和朴素作风，始终坚决与危害企业利益的行为作斗争。作为党员干部，就必须率先垂范，自觉抵制各种腐朽思想的侵蚀，永葆政治上的坚定和思想道德上的纯洁，守好党员的初心，护好企业的初心。

07

天地之大，黎元为本

【典出】

制曰：夫天地之大，黎元为本；邦国之贵，元首为先。治乱无常，兴亡有运。

——〔唐〕房玄龄等《晋书·宣帝纪》

——中铁重工 陈子贤 绘

【释义】

皇帝说：天地广大无所不包，只有百姓才是国家的根本；国家的尊贵显赫，以君主为先。国家繁荣与衰落无常，而兴亡与国运有关。

【启示】

苏联是世界上第一个社会主义国家，取得过辉煌成就，但后来解体了，其中一个重要原因是苏联共产党脱离了人民，成了一个只维护自身利益的特权官僚集团。党的十八大以来，以习近平同志为核心的党中央坚持以人民为中心的发展思想，把增进人民福祉、促进人的全面发展作为一切工作的出发点和落脚点，书写了国家富强、人民幸福的精彩答卷。同样，企业的发展也离不开职工群众的认同、理解和支持，离不开他们的积极参与、奋发有为和一切聪明才智的发挥。党员干部要正确认识企业发展与职工幸福的关系，摒弃以损害职工切身利益为代价换取企业发展的错误思想，进一步密切党群关系，构建和谐企业，助力企业长青。

08

慎独慎微慎始慎终

【典出】

所谓诚其意者，毋自欺也。如恶恶臭，如好好色，此之谓自谦。故君子必慎其独也。

莫见乎隐，莫显乎微，君子慎其独也。

慎厥初，惟厥终，终以不困；不惟厥终，终以困穷。

——《礼记·大学》
——《礼记·中庸》
——《尚书·蔡仲之命》

——中铁山桥 王晨雪 绘

【释义】

所谓使自己的意念诚实，就是说不要自己欺骗自己。就像厌恶难闻的气味、喜好美色一样出自真心，这样才算是满足自己的心意。所以品德高尚的人在一个人独处的时候一定要十分小心谨慎。（慎独）

越隐蔽的事情其实越明显，越细微的事物就越清楚，君子在这些地方是要很谨慎的。（慎微）

谨慎对待事物的开始，也要考虑它的终局，终局因此就不会困窘；不考虑它的终局，必将困穷。（慎始、慎终）

【启示】

《说文解字》解释“慎”为“谨也”，《尔雅》解释“慎”为“诚也”。无论是“谨”还是“诚”，都要求党员干部诚意正心，时刻保持政治自觉、思想自觉和行动自觉。领导干部是党和国家发展的“关键少数”，能否做到自重自省自警自励，慎独慎微慎始慎终，直接关系到党的执政地位是否稳固，关系到政权的人心向背。国有企业党员干部的一言一行直接关系到企业的发展成效。为此，党员干部要以居安思危的责任感和如履薄冰的警觉性，勤掸“思想尘”，将党章党规内化于心、外化于行；多思“贪欲害”，真正做到干干净净办事、堂堂正正做人；常破“心中贼”，在复杂严峻斗争中保持革命本色，构建企业风清气正的政治生态和高质量的发展生态。

09

衙斋卧听萧萧竹，疑是民间疾苦声。些小吾曹州县吏，一枝一叶总关情

【典出】

衙斋卧听萧萧竹，
疑是民间疾苦声。
些小吾曹州县吏，
一枝一叶总关情。

——〔清〕郑板桥《潍县署中画竹呈年伯包大中丞括》

——中铁山桥 王晨雪 绘

【释义】

在官衙中躺着休息，听见风吹竹叶发出萧萧之声，立即联想是百姓啼饥号寒的怨声。我们虽然只是些小小的州县官吏，但是老百姓的一举一动都牵动着我们的感情。

【启示】

2014年5月9日，习近平总书记在参加兰考县委常委班子专题民主生活会时，曾引用清代郑板桥的这首诗。意在说明为官一任，无论官职大小，都应勤政爱民，以人民为中心，将百姓的冷暖安危放在心上。也正是有了一大批在基层一线肯干、实干、苦干的干部，党的执政基础才能更加巩固。企业要将基层一线作为培养干部、锤炼干部的主阵地，督促党员干部大兴调查研究之风，经常深入基层、走进一线；同时也要加强对扎根基层一线干部的教育培养，引导其正确认识职工群众的一桩桩“小事”，是构成企业发展“大事”的“细胞”，小的“细胞”健康，大的“肌体”才会充满活力；认真听取职工群众的意见建议，集众智、汇众力、解众忧，才能营造发展一盘棋的局面。

10

检身若不及

【典出】

居上克明，为下克忠，与人不求备，检身若不及，以至于有万邦，兹惟艰哉！

——《尚书·商书·伊训》

——中铁山桥 王晨雪 绘

【释义】

在上位者能够明察下情，这样在下位者才能够对上竭诚。对别人不能求全责备，对自己要严格约束，因此达到拥有万国，这是很难的呀！

【启示】

中华民族是有着克己修身传统的民族。“吾日三省吾身”“行有不得，反求诸己”“古之君子，其责己也重以周”“以责人之心责己，以恕己之心恕人”等，说的都是这个道理。作为企业，面对发展新形势、新任务、新要求，党员干部要秉承对党和职工群众高度负责的态度，见贤思齐，以先进模范为榜样；经常对照党的理论、对照党章党规党纪、对照初心使命、对照发展要求，主动查找、勇于改正自身的缺点和不足；要涵养虚怀若谷的气度，面对批评，要有“闻过则喜”的境界，经得起批评，容得下批评，不断增强意志力、坚忍力、自制力，努力创造出无愧于岗位的业绩。

11

善学者尽其理，善行者究其难

【典出】

君子之学如蜕，幡然迁之。故其行效，其立效，其置颜色、出辞气效。无留善，无宿问。善学者尽其理，善行者究其难。君子立志如穷，虽天子三公问正，以是非对。

——《荀子·大略》

——中铁山桥 王晨雪 绘

【释义】

君子的学习就像蝉等生物脱壳一样，很快就会有所改变。所以，他走路效仿，站立效仿，他摆什么脸色、讲什么话、用什么口气都效仿。不把好事留下不做，不把要问的事拖过夜。善于学习的人能够深刻地认识事物的道理，善于实践的人能够深入探究事物的疑难。君子一旦树立了志向就坚定不移，即使天子、三公询问政事，也根据是非的实际情况来回答。

【启示】

学为行之始，行为知之成，二者相辅相成，缺一不可。纵观我国科技发展历程，航天事业的发展、杂交水稻的突破、高铁技术的成熟等科技事业的进步，无一不是善学与笃行结合、追求真理与敢为人先的生动体现。作为新时代党员干部，要做到“善学”为先，以“学而不厌”的态度泛观博览，不断丰富自己的知识储备，提升对事物的认知能力；要做到躬于“笃行”，以“持之以恒”的勇气大胆实践，不断提高处理复杂问题的能力和领导力，做起而行之的行动派、攻坚克难的奋斗者，为企业高质量发展增砖添瓦、贡献才智。

12

正其末者端其本，善其后者慎其先

【典出】

高以下为基，人以食为天。正其末者端其本，善其后者慎其先。

——〔西晋〕潘岳《藉田赋》

——中铁山桥 王晨雪 绘

【释义】

高以下为基础，人民以粮食为生存的根本。想要端正末节，就要先端正根本；要想取得好的结果，必须在开始时小心谨慎。

【启示】

万事皆有初，欲善终，当慎始。唯有戒慎于事情发生之初，在小问题刚萌芽时洞察到严重后果，在小隐患时就有所防备，加强源头治理，才能避免陷入被动、步入歧途。新时代廉洁文化建设，正是发挥廉洁教育的基础作用，从思想上固本培元，从源头上有效预防腐败，是纵深推进全面从严治党和解决党风廉政问题的治本之道。国有企业加强全面从严治党，要将源头治理贯穿于党风廉政建设和反腐败工作全过程，坚持教育在前，惩治在后，常态化开展廉洁教育，抓住关键领域和关键岗位，创新教育形式，不断提升党员干部理想信念、培养廉洁自律道德操守、筑牢拒腐防变思想防线，做到抓早、抓小、抓苗头，防微杜渐、警钟长鸣，将崇廉拒腐的思想堤坝筑得更加牢固。

13

天下之难持者莫如心，天下之易染者莫如欲

【典出】

臣窃闻孔子曰『操则存，舍则亡，出入无时，莫知其乡』，惟心之谓与？甚哉，天下之难持者莫如心，天下之易染者莫如欲。

——〔南宋〕朱熹《四书或问》

——中铁科工 赵晓萌 绘

【释义】

我私下听孔子说："把握住就能存留，舍弃就会消亡；来去都没有固定的时间，也不知道它去往何方。"这说的大概就是人心吧？天下最难把持的是人的内心，最容易被沾染的是人的欲望。

【启示】

"破山中贼易，破心中贼难。"人一旦有了"心中贼"，理想信念的总开关拧得不紧，自我革命意志就会衰退，就会违背初心、忘记使命，就会突破纪律底线甚至违法犯罪。"心病还须心药医。"要破心中贼，一方面要强化理想信念教育，持续强化政治教育、党性教育，严肃党内政治生活，推进新时代廉洁文化建设，引导干部自觉接受革命性锻造和深入灵魂的精神洗礼，不断实现"四个自我"。另外一方面要常思贪欲之害，徐州市有一名受查处的女干部在忏悔书中给自己算了"七笔账"，包括"政治账，自毁前程永难忘""经济账，倾家荡产悔难当""名誉账，身败名裂苦酒尝""家庭账，夫离女散梦断肠""亲情账，众叛亲离两茫茫""自由账，身陷牢笼盼阳光""健康账，身心憔悴恨夜长"，发人深省！

14

与天下同利者，天下持之；擅天下之利者，天下谋之

【典出】

凡人者，莫不欲利而恶害，是故与天下同利者，天下持之；擅天下之利者，天下谋之。天下所谋，虽立必隳；天下所持，虽高不危。故曰：『安高在乎同利。』

——《管子·版法解》

——中铁宝桥 常晓斌 绘

【释义】

人，没有不爱利恶害的。因此，与天下人利益一致的，人民就拥护、支持他；独揽天下利益的，人民就谋划对付他。天下人所反对的，地位虽然确立也必然倒台；天下人所拥护的，地位虽然高贵也没有危险。所以说：要想安居高位，就要与民同利。

【启示】

中国共产党自诞生之日起，就始终把人民写在奋斗的旗帜上，确立了为人民谋幸福的初心。国有企业纪检组织在监督执纪问责中要坚守“人民至上”的价值追求，不断厚植党长期执政的政治根基。要坚持从群众中来、到群众中去，积极回应职工群众关切，聚焦历史遗留难题，用心用情用力解决好职工群众急难愁盼问题。要紧盯“四风”新表现新变种，对职工群众反映强烈的“四风”问题做到露头就打、从严查处。要充分发挥一线监督作用，着力铲除职工群众身边的“微腐败”，真正让职工群众感受到正风肃纪反腐就在身边，不断增强幸福感、获得感、安全感。

15

富有之谓大业，日新之谓盛德

【典出】

富有之谓大业，日新之谓盛德。生生之谓易，成象之谓乾，效法之谓坤，极数知来之谓占，通变之谓事，阴阳不测之谓神。

——《周易·系辞上传》

——中铁宝桥 常晓斌 绘

【释义】

广泛创造物质财富和精神财富叫作宏大功业，持续永远的日日增新叫作盛美德行。生生不息，变化前进不已，就是“易”；成就现象就是“乾”；效法而行就是“坤”；极尽数术的推演，知道将来的变化就是“占”；通达变化之道，就是“事”；能运用阴阳之道，至神奇奥妙，变化莫测的，就是“神”。

【启示】

创新是一个民族进步的灵魂，是一个国家兴旺发达的不竭动力。进入新时代，国资国企深入推进改革攻坚，创新开展重大科技攻关，从高铁飞驰、巨轮远航，到“嫦娥”揽月、“北斗”组网，再到港珠澳大桥、白鹤滩水电站等一批重大科技成果、重大工程项目惊艳亮相。党的二十大把深化国资国企改革寓于全面建设社会主义现代化国家新征程之中，对国资国企改革创新提出新使命、新任务。国资国企作为国家创新的重要主体，要加快优化国有经济布局结构，增强服务国家战略的功能作用。要加快完善中国特色国有企业现代公司治理，做到真正按市场化机制运营。要加快健全有利于国企科技创新的体制机制，着力解决制约企业科技创新的机制、投入、人才、转化等突出问题，进一步强化企业创新主体地位，构建良好创新生态，为更好地发挥国有经济主导作用和战略支撑作用作出新的贡献。

16

处事不以聪明为先，而以尽心为急

【典出】

处事者不以聪明为先，而以尽心为急。不以集事为急，而以方便为上。

——〔南宋〕吕本中《官箴》

——中铁宝桥 常晓斌 绘

【释义】

善于处理事情的人，不会把聪明放在第一位，而是把尽心尽力放在第一位；不会把事成有功放在第一位，而是把有利于百姓的事情放在第一位。

【启示】

从精准扶贫开始，经过 8 年持续奋斗，我们党如期完成了新时代脱贫攻坚目标任务，现行标准下农村贫困人口全部脱贫，贫困县全部摘帽，消除了绝对贫困和区域性整体贫困，近 1 亿贫困人口实现脱贫，取得了令全世界刮目相看的重大胜利，这是亘古未有的壮举，也是人类减贫史上的奇迹。成绩取得的原因一是有一支作风过硬的干部队伍，二是坚持全心全意为人民服务根本宗旨。国有企业要完成好新一轮改革深化提升行动部署，亦是如此，一方面要加强干部队伍作风建设，大力纠治形式主义、官僚主义，坚决整治出工不出力、履职不尽责等不作为问题，坚决整治搞政绩工程、形象工程等乱作为问题；另一方面要厚植为民情怀，把心思用在为群众干事上，将精力花在工作落实上，既有勇担当的宽肩膀，更有求作为的真本领，一身汗、两腿泥，不辞劳苦为职工群众操心、担责、排忧、解难，不断提升群众福祉和获得感。

17

君子之过也，如日月之食焉。过也，人皆见之；更也，人皆仰之

【典出】

子贡曰：『君子之过也，如日月之食焉。过也，人皆见之；更也，人皆仰之。』

——《论语·子张》

——中铁重工 陈子贤 绘

【释义】

子贡说："君子的过错就像天上的日食和月食一样。他犯了错误，人们都看得见。他改正了错误，人们也照样会景仰他。"

【启示】

敢于直面问题，勇于自我革命，从严管党治党，是我们党最鲜明的品格，也是我们党最大的优势。中国共产党的伟大不在于不犯错误，而在于始终坚持真理、修正错误，勇于刮骨疗毒、去腐生肌，能够在危难之际绝处逢生、失误之后拨乱反正。八七会议、遵义会议、延安整风运动、十一届三中全会直至开启全面从严治党新征程，都是我们党刀刃向内自我革命的最好见证。现如今对于国有企业来说，加强党风廉政建设和反腐败工作是自我革命的必然要求。国有企业必须把政治建设放在首位，把纪律建设摆在更加突出的位置，以一刻不松、坚定向前的行动自觉正风肃纪反腐，努力营造风清气正的良好政治生态，为企业高质量发展提供纪律保证。

18

天下不能常治，有弊所当革也，犹人身不能常安，有疾所当治也

【典出】

天下不能常治，有弊所当革也，犹人身不能常安，有疾所当治也。溺于宴安而因循弗革，是却药屏医而觊疾之自愈也；率意更张而躁求速效，是杂方俱试而幸其一中也。

——〔南宋〕何坦《西畴常言》

——中铁科工 赵晓萌 绘

【释义】

天下没有永远的长治久安，有了问题必须去修正改革，就像人的身体不可能不生病，生了病就应该对症下药及时治疗一样。沉溺享乐，因循苟且，对弊端不加革除，就好比不寻医问药而希望疾病能够自愈；轻率改革，急躁冒进，希望瞬间把一切搞定，就好比心存侥幸地病急乱投医，都不会有很好的效果。

【启示】

有病早来医，养病如养虎。一个人生了病，要尽早就医、及时治疗，不能讳疾忌医；一个政党要保持肌体健康、队伍纯洁，也必须过滤杂质、清除毒素、割除毒瘤。对痼疾顽症，必须敢于下猛药、动刀子，绝不能大而化之、避重就轻，将小问题养成大问题、小管涌变为大塌方。“不能胜寸心，安能胜苍穹。”作为一名党员干部，如果信仰迷失，信念动摇，就会在利益诱惑、大是大非面前忘却根本，甘于被“围猎”，陷入腐败泥潭。只有做到“三省吾身”，时常和自己来场“灵魂深处的对话”，揪出“皮袍下藏着的小”，拔出“思想深处的刺”，才能甩掉“包袱”、轻装前进。

19

欲无度者，其心无度；心无度者，则其所为不可知矣

【典出】

凡论人心，观事传，不可不熟，不可不深。天为高矣，而日月星辰云气雨露未尝休也；地为大矣，而水泉草木毛羽裸鳞未尝息也。凡居于天地之间、六合之内者，其务为相安利也。夫为相害危者，不可胜数。人事皆然。事随心，心随欲。欲无度者，其心无度。心无度者，则其所为不可知矣。

——《吕氏春秋·观表》

——中铁科工 赵晓萌 绘

【释义】

凡是衡量人心，观察事物，不能不明审，不能不深入。天空是很高了，但日月星辰云气雨露不曾停止过运行；地是很大了，可水泉草木飞禽走兽不曾灭绝过。凡是处于天地间、四方之内的，原本都应尽力做到相安互利，可是它们之间互相伤害的，却数不胜数。人和事物也是如此。事情取决于人心，人心取决于欲念。欲念没有限度的，人心也没有限度。人心没有限度，那么他的所作所为就不能知道了。

【启示】

“苍蝇不叮无缝的蛋。”生活上如果不检点、不自律，就会被“围猎”者所利用，思想防线和纪律底线也会在“投其所好、温情送暖”的“围猎”中丧失殆尽。党员干部要把洁身自好作为第一关，在一言一行、一点一滴、一事一处上都做到小心应对。正所谓，谨慎才能成就大事业，不谨慎则往往招来祸患和失败。要时刻心怀“戒慎恐惧”，知敬畏、守底线，不断增强政治定力、纪律定力、道德定力、抵腐定力，把铁的纪律化为自觉习惯，在大是大非上保持清醒，在小事小节上克己慎行，任何时候都不放纵、不越轨、不逾矩，不断擦亮廉洁自律的政治本色，努力做到正己修身、怀德自重，方能在干事创业中有所成就。

20 正心以为本，修身以为基

【典出】

吾闻古圣人之治天下也，正心以为本，修身以为基。闺门睦而四海率服，朝众和而群生悦随。

——〔北宋〕司马光《交趾献奇兽赋》

——中铁山桥 王晨雪 绘

【释义】

我听说古代圣人治理天下，把内心的纯正作为处世的根本，把完善自身修养作为做事的基础。家庭和睦，四海随后也会顺服；朝政和谐，万民便能心悦诚服地跟随。

【启示】

习近平总书记指出，一个人廉洁自律不过关，做人就没有骨气，做事就没有硬气，这是千古不变的道理。心正则言实，身正则行端，无论为人处世，还是治国理政，正心修身都至关重要。党员干部要做到心有所戒、行有所止，把正心修身作为必修课，时刻对标党章党规要求、对标群众期盼，检视自身，努力提高道德修养，明辨善恶是非，追求高雅情趣，在小事小节上不断严格要求自身，在日常点滴中不断完善自身，持续拧紧思想总开关。

21

狭路相逢勇者胜

【典出】

秦伐韩，军于阏与。王召廉颇而问曰：『可救不？』对曰：『道远险狭，难救。』又召乐乘而问焉，乐乘对如廉颇言。又召问赵奢，奢对曰：『其道远险狭，譬之犹两鼠斗于穴中，将勇者胜。』王乃令赵奢将，救之。

——〔西汉〕司马迁《史记·廉颇蔺相如列传》

——中铁重工 陈子贤 绘

【释义】

秦国进攻韩国，军队驻扎在阏与。赵王召见廉颇问道：“可以派兵去援救吗？”廉颇回答说：“道路远，艰险又狭窄，很难援救。”赵王又召见乐乘问这件事，乐乘的回答和廉颇的话一样。又召见赵奢来问，赵奢回答说：“道远、地险、路狭，就如同两只老鼠在洞里争斗，谁更勇猛谁就能取得胜利。”赵王便派赵奢领兵，去解救阏与，得胜而归。

【启示】

习近平总书记多次强调，新征程上，坚持全面从严治党，就要继承和发扬共产党人的斗争精神，“骨头要硬，敢于出击，敢战能胜”。新时代国有企业作为国有经济的重要载体，在改革发展、稳定民心上起着重要作用，面对制约企业发展的诸多难题，纪检组织要立足职能职责，以问题为导向，因时因势调整监督重点，在打通企业发展的痛点难点堵点上下功夫。作为纪检干部，要做到打铁必须自身硬，敢于斗争、善于斗争，以“亮剑精神”应对各种挑战，抵御各种诱惑，践行初心使命，做到守土有责、守土负责、守土尽责。

22

内无妄思，外无妄动

【典出】

问：“敬何以用工？”

曰：“只是内无妄思，外无妄动。”

——〔南宋〕朱熹《朱子语类·学六·持守》

——中铁重工 陈子贤 绘

【释义】

弟子问到如何在“敬”上下功夫时，朱熹的回答是，要想做到“敬”，便要在内做到不妄思，即心中没有胡思乱想；在外做到不妄动，即行动上没有非分之举。

【启示】

“正心明道、怀德自重，勤掸‘思想尘’、多思‘贪欲害’、常破‘心中贼’，以内无妄思保证外无妄动。”习近平总书记多次以这句话对年轻干部谆谆教导。年轻干部生逢伟大时代，是党和国家事业发展的生力军，要注重“常修常炼、常悟常进”，把外在的“制约”化为内在的“守约”，做到筑牢理想信念根基，严守纪法规矩，时刻自重自省，经常对照党章党规党纪、对照初心使命，看哪些事情该不该做、能不能干，无论顺境逆境都坚贞不渝，经得起大浪淘沙的考验。党员领导干部更要常怀感恩敬畏之心，对功名利禄要知足，对物质享受和个人待遇要知止，对组织要有敬畏之心，不断提高党性觉悟，增强拒腐防变的能力。

23

天下之本在国，国之本在家

【典出】

孟子曰：『人有恒言，皆曰「天下国家」。天下之本在国，国之本在家，家之本在身。』

——《孟子·离娄上》

——中铁山桥 王晨雪 绘

【释义】

孟子说："人们常说'天下国家'这句话。天下的根本在于国，国的根本在于家，家的根本在于个人。"

【启示】

家是最小国，国是千万家。习近平总书记在很多场合强调过家庭、家教、家风的重要性。中国有句俗话："三岁看大，七岁看老。"一个人德行的成长是要从小培养的，家庭是最基础的土壤。一个国家、一个民族德行的成长，家庭也是最基本的细胞。"积善之家，必有余庆；积不善之家，必有余殃。"党员干部的家风，不是个人小事和家庭私事，而是事关党风政风和社会风气的大事，常态化组织党员干部开展"廉洁家访"、书写"廉洁家书"、参观"家风馆"等，就是要让党员干部带头廉洁修身、廉洁齐家，管好自己、管好家人，做到仰不愧于天、俯不怍于人，以新时代共产党人的优良家风，涵养清正党风政风社风民风。

24

心不动于微利之诱，目不眩于五色之惑

【典出】

子夏为莒父宰，问政，子曰：『无欲速，无见小利。欲速则不达，见小利则大事不成。』

五色令人目盲，五音令人耳聋，五味令人口爽，驰骋畋猎，令人心发狂，难得之货，令人行妨。是以圣人为腹不为目，故去彼取此。

——《论语·子路》

——《道德经》

——中铁山桥 王晨雪 绘

【释义】

子夏做了莒父地方的长官，问孔子怎样处理政事。孔子说："做事不要图快，不要只见眼前小利，如果只图快，结果反倒达不到目的；只图小利，就办不成大事。"（心不动于微利之诱）

缤纷的色彩使人眼花缭乱，嘈杂的音声使人听觉失灵，浓厚的杂味使人味觉受伤，纵情猎掠使人心思放荡发狂，稀有的物品使人行于不轨。因此，圣人致力于解决温饱，不耽于感官的享乐，所以要有所取舍。（目不眩于五色之惑）

【启示】

"心不动于微利之诱，目不眩于五色之惑"化用了中国古代"慎微"和"节欲"两种思想。儒家讲"正心"观念，即不要被蝇头小利诱惑，因此失去操守、坏了大事、忘了大义。习近平总书记也多次强调，各级领导干部都要树立和发扬好的作风，既严以修身、严以用权、严以律己，又谋事要实、创业要实、做人要实。我们常讲，一个人能否廉洁自律，最大的诱惑是自己，最难战胜的敌人也是自己，国有企业党员领导干部，面对形形色色的腐蚀诱惑，要培养和强化自我约束、自我控制的意识和能力，做到心有所戒、行有所止，人前人后一个样，台上台下一个样，有无监督一个样，不断增强拒腐防变的免疫力，不放纵、不越轨、不逾矩，时刻做到自重、自省、自警、自律，培养自我约束、自我控制的能力。

25

善不可失，恶不可长

【典出】

善不可失，恶不可长……周任有言曰：『为国家者，见恶，如农夫之务去草焉，芟夷蕰崇之，绝其本根，勿使能殖，则善者信矣。』

——《左传·隐公六年》

——中铁重工 陈子贤 绘

【释义】

善良不可丢失，邪恶不可滋长……古代一个叫周任的史官就曾说："治理国家和处理家事时，见到邪恶之事就应该像农夫铲除田中野草一样除掉它，农夫把野草除掉积聚起来，还要灭绝它的根，不让它复生繁殖。治国的人能这样对待恶事，善事就能得发扬。"

【启示】

"善不可失，恶不可长"，蕴含着深厚的中华优秀传统文化中的政德观，事关何为善、何为恶，如何存善去恶、扬善惩恶等重大政治伦理问题。习近平总书记也多次强调党员干部要弘扬政德、申明善恶，要懂得"从善如登，从恶如崩"的道理，做到"勿以善小而不为，勿以恶小而为之"。国有企业纪检组织，要坚持惩前毖后、治病救人，运用好监督执纪"四种形态"，运用好党员领导干部正负面清单，整治不担当、不作为、慢作为、假作为，注意保护那些敢于负责、敢于担当作为的干部，对那些受到诬告陷害的干部要及时予以澄清；干部部门应当坚定地做到"亲贤臣，远小人，能爱人，能恶人"，努力营造激浊扬清、干事创业的良好政治生态。

26

事者生于虑，成于务，失于傲

【典出】

市者，货之准也。是故百货贱，则百利不得。百利不得，则百事治。百事治，则百用节矣。是故，事者生于虑，成于务，失于傲。

——《管子·乘马》

—中铁科工 赵晓萌 绘

【释义】

市场，是货物在交换中各自获得其应有价格的地方。所以各种货物如果价格低廉，商人就不能从中获得高利。没有这样的牟取暴利，各项事业就都能得到发展。各项事业搞好了，各项需求就都能得到适度的满足。这就是说，事情总是产生于谋虑，成功于努力，失败于骄傲轻心。

【启示】

党的十八大以来，中国特色社会主义进入新时代，以习近平同志为核心的党中央解决了许多长期想解决而没有解决的难题，办成了许多过去想办而没有办成的大事。改革开放40余年的成功经验告诉我们，要用深谋远虑的眼光、真抓实干的精神和自我警醒的忧患意识来干事创业。我们现在所处的，是一个船到中流浪更急、人到半山路更陡的时候，是一个愈进愈难、愈进愈险而又不进则退、非进不可的时候。党员干部既要远见卓识，对发展态势洞若观火，不能“临时抱佛脚”，更不能寅吃卯粮；又要注重实干，一步一个脚印、踏踏实实地抓好落实，扭住关键、精准发力，敢于啃硬骨头，抓出成效；还要谦虚谨慎，戒骄戒躁，始终保持清醒头脑，确保各项重大改革举措落到实处。

27

照镜子，正衣冠

【典出】

夫以铜为镜，可以正衣冠；以史为镜，可以知兴替；以人为镜，可以明得失。

——〔后晋〕刘昫《旧唐书·魏徵传》

——中铁重工 陈子贤 绘

【释义】

一个人用铜当镜子，可以照见衣帽是不是穿戴得端正；用历史当镜子，可以知道国家兴亡的原因；用人当镜子，可以发现自己的得失。

【启示】

古语有云：“言辞信，动作庄，衣冠正，则臣下肃。”在党的群众路线教育实践活动中，习近平总书记阐述了“照镜子，正衣冠，洗洗澡，治治病”的十二字总要求，言简意赅，形象生动，告诫党员干部要敢照镜子、勤照镜子，特别是对缺点和错误要多往深处、细处照，使之纤毫毕现，这样才能找出差距、修身正己。国有企业党员领导干部代表着党组织的形象，要始终锤炼党性修养，坚定理想信念，严明党的纪律特别是政治纪律，敢于触及思想、正视矛盾和问题，从自己做起，从现在改起，端正行为，自觉把党性修养正一正、把党员义务理一理、把党纪国法紧一紧，严守纪律底线，自觉抵制不正之风，时刻注意自己的言行，始终保持共产党人良好形象。

28

反听之谓聪，内视之谓明，自胜之谓强

【典出】

商君曰：『子不说吾治秦与？』赵良曰：『反听之谓聪，内视之谓明，自胜之谓强。虞舜有言曰：「自卑也尚矣。」君不若道虞舜之道，无为问仆矣。』

——〔西汉〕司马迁《史记·商君列传》

——中铁宝桥 常晓斌 绘

【释义】

商君说："你不为我治秦的功绩而高兴吗？"赵良说："能从别人那里听到意见，才叫耳聪；能自我省察不足，才叫目明；能自己克制欲望，才叫意志坚强。虞舜说过这样的话，自我谦虚是高尚的。您不如遵循虞舜的王道，用不着问我。"

【启示】

人非圣贤，孰能无过？看待过错的态度、对待过错的行动，决定了境界的宽度和事业的高度。批评与自我批评，是中国共产党三大作风之一。毛泽东在领导中国革命和建设过程中，非常重视在党内培养批评与自我批评的作风，使之成为中国共产党宝贵的思想财富。党员干部要积极发扬批评与自我批评的优良作风，在开展自我批评时，要放下思想包袱、抛开顾虑，刀刃向内、真刀实枪，深入剖析自己，做到见人见事见思想；在接受批评时，要保持"闻过则喜"的姿态，虚心听取别人意见，找准问题所在；在批评同志时，要以高度的党性觉悟抛开人情困惑、利益诱惑，摒弃怕结怨树敌、怕引火烧身的狭隘思想，勇于提出建议，切实达到红脸出汗的效果。

29

锄一害而众苗成，刑一恶而万民悦

【典出】

大夫曰：“古之君子，善善而恶恶。人君不畜恶民，农夫不畜无用之苗。无用之苗，苗之害也；无用之民，民之贼也。锄一害而众苗成，刑一恶而万民悦。虽周公、孔子不能释刑而用恶。……故刑所以正民，锄所以别苗也。”

——《盐铁论·后刑》

——中铁宝桥 常晓斌 绘

【释义】

大夫说："古代君子喜爱好人而憎恨坏人。君主不养邪恶的百姓，农民不培植无用的杂草。杂草是禾苗的祸害，社会上不务正业的人是对人民有危害的人。锄掉一棵杂草，众多禾苗就会成长；惩罚一个恶人，万民就会喜悦。即使是周公、孔子都不能放弃刑法而容纳坏人。……所以，刑法是为了使百姓遵教化，锄头是为了铲除杂草。"

【启示】

党的十八大以来，我们党把全面从严治党纳入"四个全面"战略布局，正风肃纪，反腐惩恶，着力构建不敢腐、不能腐、不想腐的体制机制。随着一桩桩大案要案被查处，一个个腐败分子被绳之以法，人民群众拍手称快，党心民心得到凝聚。全面从严治党永远在路上，虽然反腐败斗争取得压倒性胜利并全面巩固，但我们仍要深刻认识反腐败斗争的长期性、复杂性、艰巨性，在惩治"大贪"的同时注重铲除"微腐"，着力解决发生在基层和职工群众身边的不正之风和腐败问题，让正风反腐给职工群众带来更多获得感，进一步营造风清气正氛围，以强有力的党风廉政建设为企业高质量发展保驾护航。

30 将教天下，必定其家，必正其身

【典出】

古之人将教天下，必定其家，必正其身；将正其身，必治其心；将治其心，必固其道。

——〔北宋〕赵湘《本文》

——中铁山桥 王晨雪 绘

【释义】

古人要想教育感化天下之人，首先要安定家庭、修正自身。要想修养自身品德，就一定要端正好自己的思想；要端正自己的思想，就要稳固自己的道。

【启示】

“修身、齐家、治国、平天下”，是对“大学之道”的概括，体现了儒家思想由个人到邦国进而到天下的逐步递进的道德政治观。习近平总书记曾多次强调，党员干部要做到廉以修身、廉以持家，培育良好家风，教育督促亲属子女和身边工作人员走正道。从近年来查处的腐败案件看，家风败坏往往是领导干部走向严重违纪违法的重要原因。在落马官员当中，“全家腐”的事例屡见不鲜，这与家教不严、家风不正不无关系。党员干部要立身以正，从正心、修身、齐家一层层做起，锤炼自身定力，管理好自己的小家，才能言有号召力，行有凝聚力，得到百姓民众的信任。

31

临渊羡鱼，不如退而结网

【典出】

食其食者不毁其器，食其实者不折其枝。塞其源者竭，背其本者枯。交画不畅，连环不解，其解之不以解。临河而羡鱼，不如归家织网。明月之珠，蛖之病而我之利；虎爪象牙，禽兽之利而我之害。易道良马，使人欲驰；饮酒而乐，使人欲歌。是而行之，故谓之断；非而行之，必谓之乱。矢疾，不过二里也，步之迟，百舍不休，千里可致。

——《淮南子·说林训》

——中铁宝桥 常晓斌 绘

【释义】

吃了盘中的食物，不要毁坏容器。吃了树上的果实，不要折断树枝。堵塞源头水流就会枯竭，损坏树枝树木就会枯死。错综交叉的线条不流畅，连环相套的环子不易解，解开它的方法是不解。站在水边想得到鱼，不如回家织网以便打鱼。明月之珠是蚌蛤的病害，却成为我们的利益；虎爪象牙是禽兽的利器，却是我们的祸害。平坦的道路，优良的骏马，使得人想骑马奔驰；喝酒喝得痛快时，使人禁不住引吭高歌。认为是正确的就去做，这叫“决断”；认为不对的，却还去做，这就叫“乱来”。箭矢飞快，但顶多也不过射到两里地远；步行虽慢，但走上上百天，也可达到千里之远。

【启示】

空谈误国，实干兴邦。作为国有企业，在贯彻落实新一轮国企改革深化提升战略部署、实现企业高质量发展的进程中，面对形势任务和挑战，不能一味地强调竞争对手的优势和占有的资源，而应对标对表先进企业，聚焦技术创新和管理创新，铸长板、补短板、强弱项，提高产品质量和服务水平，赢得客户信任，提升核心竞争力和盈利能力。作为新时代党员干部，要心怀“国之大者”，将个人发展目标与企业发展战略紧密结合，在企业高质量发展战略部署中找准自己的价值定位和奋斗目标，不驰于空想、不骛于虚声，脚踏实地、埋头苦干，通过自身的努力和实践来实现人生目标和梦想，为推进企业高质量发展作出个人应有的贡献。

32

得众则得国，失众则失国

【典出】

《诗》云：『殷之未丧师，克配上帝。仪监于殷，峻命不易。』道得众则得国，失众则失国。

——《礼记·大学》

——中铁宝桥 方金娜 绘

【释义】

《诗经》说："殷朝没有丧失民心的时候，还是能够与上天的要求相符的。请用殷朝作个鉴戒吧，守住天命并不是一件容易的事。"这就是说，得到民心就能得到国家，失去民心就会失去国家。

【启示】

人民是党执政的最大底气，也是党执政最深厚的根基。我们党成立之初就将为人民谋幸福、为民族谋复兴确立为自己的初心和使命，创造出推翻"三座大山"、实现民族独立和人民解放、全面建成小康社会取得决定性成就等彪炳史册的伟大奇迹。国有企业党组织作为连接党与群众的中间桥梁，以及党在国有企业深入群众、了解群众、服务群众的前沿阵地，要牢固树立国企姓党、国企强国、国企为民的办企理念，发挥好党建引领国有企业发展的重要作用。广大党员干部要深刻理解中国共产党"除了人民利益之外没有自己特殊的利益"的工作出发点，坚守初心使命，以"我将无我，不负人民"的为民情怀，积极投身企业改革发展，在解决群众急难愁盼问题中暖民心、汇民智、聚民力，凝聚起推动企业发展、实现中华民族伟大复兴的磅礴力量。

33

宰相必起于州部，猛将必发于卒伍

【典出】

观容服，听辞言，仲尼不能以必士；试之官职，课其功伐，则庸人不疑于愚智。故明主之吏，宰相必起于州部，猛将必发于卒伍。

——《韩非子·显学》

——中铁宝桥 方金娜 绘

【释义】

如果只看一个人的相貌、服饰，只听他说话议论，就是孔子也不能断定这个人能力怎样；可是在官职上一试验，用办事成效一考察，普通人也不会再对谁聪明或愚笨有任何怀疑。所以，明主手下的官吏中，宰相必定是从基层选拔上来的，杰出的将领必定是从军队士兵中挑选出来的。

【启示】

优秀干部都是大浪淘沙、百战砥砺，一步步成长成熟起来的。国有企业作为党执政兴国的重要支柱和依靠力量，要发挥好“顶梁柱”和“压舱石”的作用，就必须打造一支政治素质高、业务能力强，敢担当、愿担当的干部队伍，就要建立科学的人才选用育留体制机制。在人才的“选”上，要注重从有基层实践经验的干部中去选拔，在人才的“用”和“育”上，要把基层一线作为培养年轻干部的“磨刀石”和“大考场”。年轻干部要懂得“天将降大任于是人也，必先苦其心志，劳其筋骨”的道理，珍惜光阴、把握当下，以只争朝夕的状态在基层大展拳脚、大显身手，才能拥有更宽的肩膀、更硬的脚板、更好的未来。

34

一以贯之

【典出】

子曰：『参乎！吾道一以贯之。』曾子曰：『唯。』子出，门人问曰：『何谓也？』曾子曰：『夫子之道，忠恕而已矣。』

——《论语·里仁》

——中铁宝桥 方金娜 绘

【释义】

孔子说："参啊，我讲的道是由一个基本的思想贯彻始终的。"曾子说："是。"孔子出去之后，同门便问曾子："这是什么意思？"曾子说："老师的道，就是忠恕罢了。"

【启示】

习近平总书记在2016年全国国有企业党的建设工作会议上提出"两个一以贯之"，为新时代加强国有企业党的建设，探索建立中国特色现代企业制度指明了方向。增强贯彻落实"两个一以贯之"的针对性和实效性，一方面要做实党组织在企业中的法定地位，完善"双向进入、交叉任职"的领导体制，厘清党委和其他治理主体的权责边界，为党组织发挥政治优势、依法参与重大问题决策提供程序支撑和制度保障；另一方面要发挥好现代企业制度在应对市场竞争、组织生产经营和加强管理等方面的优势，最终实现优势互补、强强联合，确保国有企业实现高质量发展和资产的保值增值。

35

人不率则不从，身不先则不信

【典出】

臣又闻之，人不率则不从，身不先则不信。陛下能躬服至俭，风示四方，衣服起居，无逾旧规，后宫锦绣珠玉，不得妄费，则天下响应，民业日丰。

——〔元〕脱脱等《宋史·宋祁传》

——中铁重工 陈子贤 绘

【释义】

我又听说，人不自身作出表率则不被服从，不先身体力行则不被信任。陛下如果能亲自带头勤俭节约并示范天下，在衣食住行上不超越旧的规制，后宫的珍珠玉器，也不得妄加花费，那么将天下响应，百姓生活日益丰厚。

【启示】

万言不如一行，一行贵在带头。党的十八大以来，从带头执行中央八项规定，到亲自挂帅全面深化改革、脱贫攻坚等关键领域带头攻坚克难，习近平总书记率先垂范，以对党的无比忠诚、强烈的责任担当、优良的品质作风，为全党树立了标杆。党员领导干部是党和国家事业发展的顶梁柱、攻坚克难的排头兵、干事创业的带头人，要深刻认识到自身的责任，冲在前、干在先，一级做给一级看、一级带着一级干，有效发挥“头雁效应”，以“一马当先”带动“万马奔腾”，凝聚攻坚克难、奋力前行的正能量，形成上下同欲、万众一心的生动局面。

36

欲知平直，则必准绳；欲知方圆，则必规矩

【典出】

欲知平直，则必准绳；欲知方圆，则必规矩；人主欲自知，则必直士。故天子立辅弼，设师保，所以举过也。夫人固不能自知，人主犹甚。存亡安危，勿求于外，务在自知。

——《吕氏春秋·自知》

——中铁科工 赵晓萌 绘

【释义】

要想知道平直与否，就必须借助水准墨线；要想知道方圆与否，就必须借助圆规矩尺；君主要想知道自己的过失，就必须任用直谏之士。所以天子设立辅弼之臣，设立太师、太保之类，都是要他们指出自己的过失。人本来就不容易有自知之明，身为君王而能客观地估量自己，就更是难上加难。国家的存亡安危，不必到外部寻找理由，首要之事，就是要对自己有个清晰的认识。

【启示】

没有规矩不成方圆。纵观中国共产党百年来的发展历程，遵规守纪、从严律己是我们党自成立以来就养成并延续下来的优良传统。党的规矩总的包括党章、党的纪律、国家法律以及党在长期实践中形成的优良传统和工作惯例，是党的各级组织和全体党员必须遵守的行为规范和规则。守纪律、讲规矩不仅是对党员干部立身处世划出的界线，也是对党员党性修养的一种考验。在全面从严治党的新要求下，党员干部必须把纪律和规矩挺在前面，增强守纪律讲规矩的思想自觉、政治自觉、行动自觉和领导自觉。纪检组织要加强对党组织和党员遵守党章党规党纪的监督检查，真正让铁规发力、让禁令生威。

37

其身正，不令而行；其身不正，虽令不从

【典出】

子曰：『其身正，不令而行；其身不正，虽令不从。』

——《论语·子路》

——中铁宝桥 方金娜 绘

【释义】

孔子说："为政者如果自身的行为端正，无须下命令，百姓也会按他的意旨去做；如果自身行为不端，即使三令五申，百姓也不会服从。"

【启示】

为官要义在于正，如果领导走正道作表率，下属岂敢走歪道？古往今来，多少清正廉洁、务实为民的清官廉吏受到百姓的崇敬与爱戴，一代廉吏包公、于谦、海瑞的故事热映荧屏，经久不衰；人民公仆孔繁森、牛玉儒、谷文昌的事迹震撼人心，影响甚广。2012 年，党中央审议通过了关于改进工作作风、密切联系群众的中央八项规定。中央政治局率先垂范，各级党员领导干部严格遵守，净化了党风政风。十年磨一剑，良好的党风政风带动了社风民风，不只天价月饼、粽子，高档烟酒茶遭遇市场"寒冬"，大操大办、铺张浪费等陋习也得到遏制，社会新风正气不断充盈。新时代、新征程，党员干部要按照习近平总书记提出的"三严三实"要求，加强党性修养，提升道德境界，追求高尚情操，养成健康生活方式，堂堂正正做人，清清白白做事，永葆共产党人的浩然正气。

38

善除害者察其本，善理疾者绝其源

【典出】

然臣窃闻善除害者察其本，善理疾者绝其源。伏惟陛下欲纾人之忧，先念忧之所自；欲救人之病，先思病之所由。

——〔唐〕白居易《策林一·兴五福销六极》

——中铁宝桥 方金娜 绘

【释义】

我听说，善于消除灾祸的人，总是先查找其根由；善于调理疾病的人，总是先断绝疾病的源头。所以，陛下如果想要纾解忧愁，先要想想忧愁的根源在哪里；想要救治别人，先要想清楚病根在哪里。

【启示】

治国必先治党，治党务必从严，从严必依法度。反腐败是同各种弱化党的先进性、损害党的纯洁性的病原体作斗争，必须从源头着手，深化标本兼治，把严肃惩治腐败与严密制度约束、严格教育引导紧密结合，一体推进不敢腐、不能腐、不想腐。要注重关口前移、源头治理，强化对权力运行的监督和制约。要注重完善制度、综合发力，建立健全反腐败工作体制机制。要注重正本清源、固本培元，加强新时代廉洁文化建设。要推进“三不腐”“全周期”管理，深化以案为鉴、以案促改、以案促治，使严厉惩治、规范权力、教育引导紧密结合、协调联动，坚决铲除腐败滋生土壤和条件。

39

公生明，廉生威

【典出】

吏不畏吾严而畏吾廉，民不服吾能而服吾公；公则民不敢慢，廉则吏不敢欺；公生明，廉生威。

——〔明〕郭允礼《官箴》

——中铁重工 陈子贤 绘

【释义】

下属敬畏我，不在于我是否严厉而在于我是否廉洁；百姓信服我，不在于我是否有才干而在于我办事是否公正。公正则百姓不敢轻慢，廉洁则下属不敢欺蒙。处事公正才能明辨是非，做人廉洁才能树立权威。

【启示】

公正方可立信，清廉才能立身。对于党员干部来说，不公，则私心作祟，失去明辨是非的能力，难免以权谋私；不廉，则底气不足，失去让人敬服的威望，自会藏污纳垢。公款姓公，一分一厘都不能乱花；公权为民，一丝一毫都不能私用。党员干部要时刻牢记权为民所用、情为民所系、利为民所谋，时刻绷紧旗帜鲜明讲政治这根弦，始终保持对权力的敬畏感，牢牢守住拒腐防变的警戒线，不断净化朋友圈，培养健康生活情趣，注重家庭家教家风，持续涵养浩然正气，才能做无愧于新时代新使命的合格共产党员。

40

见善如不及，见不善如探汤

【典出】

见善如不及，见不善如探汤。吾见其人矣，吾闻其语矣。

——《论语·季氏》

——中铁科工 赵晓萌 绘

【释义】

见人有善，则欣慕向往，唯恐赶不上；见人有不善，则深恶痛绝，如同将手伸到沸水中。我见到过这样的人，也听到过这样的话。

【启示】

修身养德，最重要的是要趋善避恶。对党员干部而言，践行“见善如不及”，就要以向善之心，向先进、典型和模范看齐。“见不善如探汤”，是要常怀敬畏之心，不因蝇头小利而鼠目寸光，不为荣耀光环而急功近利，要以腐败分子为鉴戒，对歪风邪气时刻保持高度警惕，严守党纪国法，决不触及“带电的高压线”。“见善如不及”与“见不善如探汤”是相辅相成的，求善就会避恶，避恶亦能扬善。“手莫伸，伸手必被捉。”党员干部要心存敬畏，不要心存侥幸，倘贪腐而侥幸于一次两次，最终只会在错误的路上越走越远，滑向腐败的深渊。

41

利民之事，丝发必兴；厉民之事，毫末必去

【典出】

圣人之治天下，利民之事，丝发必兴；厉民之事，毫末必去。关市之赋，厉民之甚者也。

——〔清〕万斯大《周官辨非·天官》

——中铁宝桥 方金娜 绘

【释义】

圣人治理天下的原则是，凡是于民有利的事情，再小也要推行；于民有害的事情，再小也必须革除。通关时和在市场待收的税赋对百姓的伤害最大。

【启示】

从井冈山时期开始，“不拿群众一针一线”就是中国共产党人践行全心全意为人民服务根本宗旨的真实写照。因为坚持一切为了群众，一切依靠群众，从群众中来，到群众中去，我们党才拥有取得革命、建设和改革一个又一个胜利的磅礴伟力。密切联系群众是党的最大政治优势，脱离群众是党执政后面临的最大危险。党员干部要提高政治站位，对关乎职工群众利益的问题，要多出真招、实招、硬招，多做“民有所呼我有所应”的好事，用心用情用力解决职工群众急难愁盼问题；同时，对危害职工群众利益的事坚决不做，对发现的危害职工群众利益的事积极去阻止，彰显党员干部担当。

42

一丝一粒，我之名节；一厘一毫，民之脂膏

【典出】

一丝一粒，我之名节；一厘一毫，民之脂膏。宽一分，民受赐不止一分；取一文，我为人不值一文。谁云交际之常，廉耻实伤；倘非不义之财，此物何来？

——〔清〕张伯行《却赠檄文》

——中铁山桥 王晨雪 绘

【释义】

一丝一粒，都关系到我的声名节操；一厘一毫，都是民脂民膏。对百姓宽待一分，老百姓得到的好处就不止一分；向百姓多索取一文，那么我的为人就不值一文。不要说什么这只是正常的人情交往，其实有损道德；如果不是不义之财，这些东西从何而来？

【启示】

“堤溃蚁穴，气泄针芒。”滑向违规违纪甚至违法的深渊，往往都源于“小节”上的放任自流、心存侥幸，认为吃几顿饭、喝几瓶酒、收点小东西无伤大雅，其结果往往是“小节不慎，大节难保”，在自我催眠、自我麻痹中铸成大错，悔之晚矣。国有企业落实全面从严治党“两个责任”，要聚焦党员干部的教育培养，开展经常性警示教育，上好“新年廉洁第一课”，播好廉洁“种子”，清除贪念“杂草”，将苗头性倾向性问题扼杀在萌芽状态；要教育广大党员干部始终做到严以修身、正心明道、防微杜渐，在思想上筑牢第一道防线，在小节上把好第一道关口，扣好廉洁从业的“第一粒扣子”。

43

四维不张，国乃灭亡

【典出】

凡有地牧民者，务在四时，守在仓廪。……四维不张，国乃灭亡。

国有四维，一维绝则倾，二维绝则危，三维绝则覆，四维绝则灭。倾可正也，危可安也，覆可起也，灭不可复错也。何谓四维？一曰礼，二曰义，三曰廉，四曰耻。

——《管子·牧民》

——中铁宝桥 方金娜 绘

【释义】

凡是一个国家的君主，必须致力于四时农事，确保粮食储备。……四维不发扬，国家就会灭亡。

国有四维，缺了一维，国家就会倾斜；缺了两维，国家就危险；缺了三维，国家就颠覆；缺了四维，国家就会灭亡。倾斜可以扶正，危险可以挽救，颠覆可以再起，只有灭亡了，那就不可收拾了。什么是四维呢？一是礼，二是义，三是廉，四是耻。

【启示】

早在春秋时期，古代先贤就主张弘扬以“礼义廉耻”为内核的价值观，并将其上升到了关乎国家存亡的高度。“国无德不兴，人无德不立。”习近平总书记在考察中多次谈到培育和践行社会主义核心价值观的问题，要把社会主义核心价值观融入社会发展各方面，转化为人们的情感认同和行为习惯。国有企业要落实《关于加强新时代廉洁文化建设的指导意见》要求，创新廉洁文化建设，以理想信念强基固本，以先进文化启智润心，以高尚道德砥砺品格，不断筑牢党员干部拒腐防变的思想堤坝，夯实一体推进“三不腐”的基础性工程，营造风清气正的干事创业氛围。同时，要以建立完善企业文化体系为载体，引导广大职工群众树立爱党爱国爱企爱家的价值观，在助力高质量发展中实现个人价值和社会价值的有机统一。

44

法令行则国治，法令弛则国乱

【典出】

且夫国无常治，又无常乱，法令行则国治，法令弛则国乱。

——〔东汉〕王符《潜夫论·述赦》

——中铁宝桥 方金娜 绘

【释义】

国家不会有永久的太平，也不会有永久的混乱。法令得到执行，国家就能够安定；法令一旦废弛，国家就会出现动乱。

【启示】

习近平总书记在党的二十大报告中强调，全面依法治国是国家治理的一场深刻革命，关系党执政兴国，关系人民幸福安康，关系党和国家长治久安。依法治企是实现依法治国的重要组成部分，而合规管理是法治企业建设的基础工程和关键内容。因此，一方面要将法治思维固化于企业管理各方面，时刻绷紧法律和制度这根弦，把企业行为和自身行为置于法律和制度框架之内，确保守住底线、不踏红线。另一方面要加强依法合规制度体系的建设，确保管理行为有据可依、有章可循；同时强化制度执行，党员干部要做执行制度的表率，实现用制度管人、管事，扎紧制度篱笆，压缩权力寻租空间，构筑“不能腐”的制度体系。

45

善禁者，先禁其身而后人

【典出】

善禁者，先禁其身而后人；不善禁者，先禁人而后身。

——〔东汉〕荀悦《申鉴·政体》

——中铁山桥 王晨雪 绘

【释义】

善于用禁令治理社会的人，首先会按禁令要求自己，然后才去要求别人；不善于用禁令治理社会的人，首先会要求别人按照禁令去做，然后才要求自己。

【启示】

“火车跑得快，全靠车头带。”领导干部只有在遵守纪律规矩中做到以身作则、率先垂范，才能产生模范带头作用，释放出以上率下的正能量。纪检组织是党内监督专责机关，是推进全面从严治党的重要力量，使命光荣、责任重大。纪检干部手握戒尺，更要做到行有所止，要树立“善禁者，先禁其身而后人”的观念，要求别人做到的自己首先要做好，自觉接受最严格的约束和监督。“正人先正己”，只有做到自身正自身硬自身廉，才能不辱使命，确保党和人民赋予的权力不被滥用、惩恶扬善的利剑永不蒙尘，担当好护航企业高质量发展的忠诚卫士。

46

功崇惟志，业广惟勤

【典出】

戒尔卿士，功崇惟志，业广惟勤，惟克果断，乃罔后艰。

——《尚书·周书·周官》

——中铁重工 陈子贤 绘

【释义】

告诉你们各位卿士，能够取得伟大的功业，是因为有远大的志向；完成伟大的功业，在于辛勤不懈地工作。能够果敢决断，就没有后来的艰难。

【启示】

小到个人要成就事业，大到国家要实现振兴，都要具备立志和勤勉两个条件。立志是前提，勤勉为保障，无志不足以行远，无勤则难以成事，树立远大目标与兢兢业业实干相辅相成。我们要在实现中华民族伟大复兴的目标引领下，坚定加快建设世界一流企业的信心和决心，以务实作风、踏实态度，立足于自身岗位，兢兢业业、履职尽责，永葆奋斗姿态，“逢山开路遇水搭桥”，一步一个脚印朝前走，不断扫除前进道路上的“拦路虎”“绊脚石”，方能在砥砺奋进中抵达预定目标。

47

奢靡之始，危亡之渐

【典出】

遂良曰：『雕琢害力农，纂绣伤女工，奢靡之始，危亡之渐也。漆器不止，必金为之，金又不止，必玉为之，故谏者救其源，不使得开。及夫横流，则无复事矣。』帝咨美之。

——〔北宋〕欧阳修《新唐书·褚遂良传》

——中铁宝桥 方金娜 绘

【释义】

褚遂良说："雕琢妨害了农事，过分的彩绣耽误了女工，奢侈糜烂的开始就是国家危亡的征兆。如果喜好漆器不止，发展下去一定会用金子来做器具；喜好金器不止，发展下去一定会用美玉来做器具。因此，诤臣必须在刚露出奢侈苗头时进谏，一旦奢侈成风，再进谏就难了。"唐太宗很受触动，深表赞同。

【启示】

从坚决反对"四风"，到倡导全民节约，习近平总书记旗帜鲜明地要求制止奢靡之风。奢靡之风的盛行，不仅腐蚀干部、损害形象、危害公信、败坏风气，还往往与以权谋私、中饱私囊、靠企吃企等腐败问题相伴而生。长此以往，我们党就会脱离群众，就会失去根基、失去血脉、失去力量。因此，纪检组织要坚持风腐一体查处、一体治理，斩断由风及腐的链条，持续深化纠治"四风"，坚决铲除滋生腐败的作风温床。党员干部要坚定理想信念，严格落实中央八项规定精神，落实"勤俭办企业十不准"要求，以俭养德、以俭持家、以俭为政、以俭化俗，牢牢树立崇尚俭朴生活的观念，永葆共产党人的清廉本色。

48

为官避事平生耻

【典出】

赤县神州坐陆沉，
金汤非粟祸侵寻。
当官避事平生耻，
视死如归社稷心。
文采是人知子重，
交朋无我与君深。
悲来不待山阳笛，
一忆同衾泪满襟。

——〔金〕元好问《四哀诗·李钦叔》

——中铁宝桥 方金娜 绘

【释义】

神州大地沦于敌手，可是没有粮草，哪怕是固若金汤的城池，又如何能守得住啊。李钦叔这个人，向来以当官却不敢任事、逃避责任为一生最大的耻辱；他对江山社稷一片赤胆忠心，把为国家而死看得像回家一样平常。他才华卓著，为世人所重，是我最好的朋友。如今他驾鹤西去，再回忆起当初亲密相交的那些日子，真是令人悲从中来，泪满衣襟。

【启示】

“当官不为民做主，不如回家卖红薯。”这句脍炙人口的俗语，道出了老百姓对当官不避事、为官需担当的价值认同。在2013年全国组织工作会议上，习近平总书记提出了好干部“二十字标准”，而“敢于担当”则是其中重要一条。“刀在石上磨，人在事上练。”建设世界一流企业，改革是必由之路，改革越深入，遇到的困难与矛盾就越多。党员干部要发扬“苟利国家生死以，岂因福祸避趋之”的精神，敢于担当、坚持原则、认真负责，面对大是大非敢于亮剑，面对矛盾敢于迎难而上，坚决不做“躺平式”干部，敢想、敢干、敢当，不怕事、不避事，争做新时代的“劲草”和“真金”。

49

不谋全局者，不足谋一域

【典出】

惟自古不谋万世者，不足谋一时；不谋全局者，不足谋一域。

——〔清〕陈澹然《寤言·迁都建藩议》

——中铁科工 赵晓萌 绘

【释义】

自古以来不能进行长远谋划，一时的聪明也是短视的、微不足道的；不能从全局的角度去谋划，即使治理好一个区域也是微不足道的。

【启示】

不从全局考虑问题，往往容易顾此失彼、进退失据，陷入捡了芝麻丢西瓜、补了东墙短西墙的困境。在推进企业改革发展中，要增强大局意识、善用系统思维、增强统筹能力，心怀“国之大者”，站在全局和战略的高度想问题、办事情，一切工作都要以贯彻落实党中央决策部署为前提，始终把全局作为观察和处理问题的出发点和落脚点。为了实现大目标，不要为鸡毛蒜皮的小事而纠缠不休，做到“抓大放小”，防止“因小失大”。同时，既要登高望远、胸怀大局，又要以小见大、积微成著，以企业的高质量发展为国家全方位经济社会高质量发展添彩。

50

物必先腐，而后虫生

【典出】

物必先腐也，而后虫生之；人必先疑也，而后谗入之。

——〔北宋〕苏轼《范增论》

——中铁科工 赵晓萌 绘

【释义】

物品必定先腐烂了，然后才能生出虫子；人必定先有了疑心，然后谗言才能听得进去。

【启示】

物腐是虫生的先决条件。党员干部如果理想信念缺失、思想防线动摇，精神上缺了“钙”，得了“软骨病”，歪风邪气就会乘虚而入。为此，遏制腐败就必须铲除滋生腐败的条件和土壤。党员干部要筑牢拒腐防变的思想防线，拧紧理想信念的“总开关”。但信念、初心不是与生俱来的，更不是一朝形成就永不褪色的，要始终做到自我净化、自我完善、自我革新、自我提高，补钙壮骨、排毒杀菌、去腐生肌，不断提高自身免疫力，锻造金刚不坏之体、百毒不侵之身，以消“物腐”而绝“虫生”。

廉之范

LIAN
ZHI FAN

时空浩渺，无尽广大，泱泱中华，代有贤良。千百年来，富饶的中华大地，养育了无数的名人圣贤，其中不乏廉洁之士。孔子自廉作表率，留下了“上恶贪则下耻争”的经典之句；苏轼清明爱民，写下了“君子以其身之正，知人之不正；以人之不正，知其身之所未正也”的千古名句……他们在当时的历史条件下，把清廉视作为人处事的操守和准则，以自己的言行，推动着中华传统廉政文化滔滔江水奔流不息。习近平总书记指出：“历史是一面镜子，鉴古知今，学史明智。”历代圣贤之士都是我们学习的榜样。放眼当下，我们从卷帙浩繁的历史古籍中，结合企业实际，针对性地选取了14位廉洁典范，并对他们的廉洁故事进行阐释，希望广大党员干部见“廉”思齐，在品读故事中感悟古代圣贤的思想精髓和智慧，做到清正廉洁、克己奉公，不收受礼金，不以权谋私，不放纵子孙，不巴结权贵，做到一身正气，两袖清风，仰不愧于党，俯不怍于民，问心而无悔，以良好的作风建设让廉洁之花香远益清，廉洁之树郁郁常青，树立新时代党员干部的良好形象。

周公吐哺　天下归心——周公

周公（生卒年不详），姬姓，名旦，亦称叔旦。西周开国元勋，杰出的政治家、军事家、思想家、教育家，被后世尊为“元圣”和儒学先驱。文王之子，武王之弟。因采邑在周（今陕西岐山北），故称周公。

周朝建立不久，周武王去世，其子周成王亲政后，大封诸侯，将鲁地封给了周公之子伯禽，建立鲁国。周公怕儿子治理不好自己的国家，专门写了《诫伯禽书》。

周公雕像

周公在书中告诫儿子伯禽：“你要严格要求自己，谦虚谨慎。不要因为受封于鲁国就怠慢、轻视人才。我是文王的儿子、武王的弟弟、成王的叔叔，又身兼辅佐天子的重任，可以说我在天下的地位也不能算是轻贱的了。可是，我一次沐浴，要多次停下来，握着自己已散的头发沉思；接待宾客，吃一顿饭，要多次停下来，唯恐因怠慢而失去人才。我听说，德行宽裕却恭敬待人，就会得到荣耀；土地广大却克勤克俭，就没有危险；禄位尊盛却谦卑自守，清正廉洁，就能常保地位；人众兵强却心怀敬畏，就能常胜不败；聪明睿智却总认为自己愚钝无知，就是明哲之士；博闻强记却自觉浅陋，那是真正的聪明。这六点都是谦虚谨慎的美德。即使贵为天子，之所以富有四海，也是因为遵循了这些品德。不知敬畏从而招致身死国丧，桀纣就是这样的例子。你怎能不慎重呢？”这就是“一沐三握发，一饭三吐哺”的由来。曹操《短歌行》诗赞：“周公吐哺，天下归心。”

周公勤廉思想的核心是“德”，他是第一次明确提出“明德”“敬德”，并将统治者的“德”上升到直接关系国家政权安危的人。

嗜鱼拒鱼称清廉——公仪休

公仪休，春秋时期鲁国人，才学出众，为官清廉，勤政多谋。在鲁为相期间，政治清明，统治稳固，深得民心。

据说公仪休非常爱吃鱼，无论是煎、炒、蒸、煮还是火烤，他都爱吃，几乎达到了每日无鱼不欢的地步，可以用嗜鱼如命来形容了。自从鲁国国君提拔他为国相后，认识他的人以及那些有求于他的人，都争着买鱼去送给他，所以每天清晨他门前便聚满了送鱼的人。公仪休虽然爱吃鱼，却将送鱼的人均拒之门外。他的学生觉得很奇怪，就问他说："既然先生这么爱吃鱼，那为何不接受别人送的鱼呢？"公仪休说："正因为爱吃鱼，所以我才不接受别人送的鱼。假如我接受了的话，办事的时候就会徇情枉法，就会有被革去职务的危险。到那个时候，就是我想吃鱼，这些人也不会给我送鱼了；我没了俸禄，自己又买不起鱼，那就不可能天天吃鱼了。与其这样，还不如现在不接受别人

公仪休画像

的鱼，做个廉洁奉公的好宰相。虽然不能吃别人送的鱼，但我自己的俸禄能保证我天天有鱼吃。”学生听了恍然大悟，出门便将公仪休的话转告给送鱼的人，人们只好带着鱼纷纷离开了。从此，再也没有人给他送鱼了。

公仪休嗜鱼拒鱼的故事，虽然看起来不是什么大事，但身为宰相，他能够做到处事小心谨慎，避免因小失大。他正直廉洁的精神深深教育了世人，有助于树立清正廉洁的社会风气。

宁愿葬身鱼腹　绝不同流合污——屈原

屈原雕像

屈原（约前340—约前278），名平，字原；又自云名正则，字灵均，战国时期楚国诗人、政治家。

屈原本为楚国重臣，早年受楚怀王信任，任左徒，常与怀王商议国事，参与法律的制定，同时主持外交事务，主张楚国与齐国联合，共同抗衡秦国。在屈原的努力下，楚国国力有所增强。但后期，楚国内腐外辱、日渐衰微、奸臣当道，由于自身性格中正耿直，国君又听信他人谗言，屈原逐渐被楚怀王疏远。

怀王二十四年，屈原被逐出郢都，流落到汉北。屈原明白，以他的才识，如果与奸佞同流合污，一定能过上锦衣玉食的生活。但他一直廉洁自律，“我宁愿投入这江水之中，葬身鱼腹，怎么能让洁白纯净的身子，蒙受那世俗尘埃的玷污！绝不与他们同流合污！”楚国都城被秦军攻破后，屈原悲愤之极，投江自沉，以身殉国。

司马迁在《屈原列传》中评价道：“屈平正道直行，竭忠尽智，以事其君。”在湖北地区广为流传的《粽子歌》写道：“有棱有角，有心有肝。一生清白，半世熬煎。”短短16个字，隐喻了屈原的人格和命运。

“四知”拒金 清白传家——杨震

杨震（？—124），字伯起，东汉弘农华阴（今陕西华阴东南）人。少好学，博览群经，当时称为“关西孔子杨伯起”。历任荆州刺史、涿郡太守、司徒、太尉等职，公正廉洁，不谋私利。

杨震雕像

杨震任荆州刺史时发现王密才华出众，便向朝廷举荐王密。后来他调任东莱太守，途经王密任县令的昌邑（今山东金乡县境）时，王密亲赴郊外迎接恩师。晚上，王密前去拜会杨震，俩人聊得非常高兴，不知不觉已是深夜。王密准备起身告辞，突然他从怀中捧出黄金，放在桌上，说道：“恩师难得光临，我准备了一点小礼，以报栽培之恩。”杨震说：“以前正因为我了解你的真才实学，所以才举你为孝廉，希望你做一个廉洁奉公的好官。可你这样做，岂不是违背我的初衷和对你的厚望。你对我最好的回报是为国效力，而不是送给我个人什么东西。”可是王密还坚持说：“三更半夜，不会有人知道的，请收下吧！”杨震立刻变得非常严肃，声色俱厉地说：“你这是什么话，天知，地知，我知，你知！你怎么可以说，没有人知道呢？没有别人在，难道你我的良心就不在了吗？”王密顿时满脸通红，赶紧像贼一样溜走了，消失在沉沉的夜幕中。

杨震为官，从不谋取私利。在任涿郡（今河北省涿州市）太守期间，从不吃请受贿，也不因私事求人、请人、托人，请客送礼。他的子孙们与平民百姓一样，疏食步行，生活十分简朴。亲朋好友劝他为子孙后代置办些产业，杨震坚决不肯，他说：“让后世人都称他们为‘清白吏’子孙，这样的遗产，难道不丰厚吗？”

杨震“暮夜却金”的事，影响很大，后人因此称杨震为“四知先生”。

鞠躬尽瘁　廉俭家国——诸葛亮

诸葛亮（181—234），字孔明，号卧龙，琅琊阳都（今山东沂南南）人，三国蜀汉政治家、军事家。

诸葛亮从隆中出山辅佐刘备，征战南北，屡建奇功，开疆拓域，一生鞠躬尽瘁，帮助刘备建立蜀汉政权。他一生勤于政事，忠于蜀汉，爱护百姓，体恤士卒，廉洁奉公，严于律己。诸葛亮不仅大力提倡节俭，而且言行一致，以身垂范，长期过着节俭朴实的生活。

诸葛亮雕像

223 年，蜀汉皇帝刘备去世。为了报答刘备的知遇之恩，诸葛亮承担起辅助刘禅治理蜀国的重任。他“受任于败军之际，奉命于危难之间”，事必躬亲，尽心尽责，很快使蜀国恢复了国力，慢慢强盛起来。为了完成刘备生前遗愿，他曾先后六次率军队攻打魏国，争夺中原。228 年冬天，诸葛亮又一次准备北伐。临出征前，诸葛亮给刘禅写了《后出师表》的呈文，文章结尾的“臣鞠躬尽瘁，死而后已”这句话，表明自己要忠诚谨慎地奉献全部力量，一直到死为止，刘禅同意了他的北伐计划。诸葛亮带领大军北上，但是由于双方力量悬殊，未能彻底取胜。长期的废寝忘食使他心力交瘁，积劳成疾，最后病死在军营之中。诸葛亮以他的实际行动践行了自己“鞠躬尽瘁，死而后已”的诺言。

诸葛亮临终遗命“葬汉中定军山，因山为坟，冢足容棺，殓以时服，不须器物”。一生克勤克俭，不愿为了私利而消耗蜀汉的物力、财力。

在诸葛亮这种公忠体国的思想和作风影响下，蜀国官员以诸葛亮为榜样，为官节俭，力戒奢华，史载他任用的官吏，大都能做到勤于政事，廉洁自律。

铁面无私“包青天”——包拯

包拯（999—1062），字希仁，北宋庐州合肥（今属安徽）人。天圣进士。仁宗时任监察御史，建议选将练兵，以御契丹。后任天章阁待制、龙图阁直学士，官至枢密副使。他性格刚毅，不徇私情，执法如山，注重吏治，贵戚宦官为之敛手，是中国古代清官廉吏的典范。

包拯雕像

包拯在端州任职期间，明令严格按照贡数征收端砚，杜绝额外加征，离开端州时，谢绝当地百姓馈赠，不持一砚而归。被任命为监察御史后，包拯专门上书朝廷，建议废黜贪官污吏，按照品行和能力选择郡守县宰，推行考核试用补任恩荫子弟的方法。在担任天章阁待制、知谏院期间，包拯多次上书斥责得宠的权贵大臣，请求免去由内廷施与他们的恩赐，他还向皇帝递上唐代魏徵给唐太宗的三条奏疏，希望皇帝把它们放在座位右侧，作为借鉴。权知开封府期间，惠民河经常涨水为患，包拯调查后得知，河水泛滥是因为达官显贵们建设园林，侵占堵塞了河道，于是他下令将所有跨河修建的楼台、花园、水榭全部拆毁，使河水得以畅通。

“清心为治本，直道是身谋。修干终成栋，精钢不作钩。仓充鼠雀喜，草尽兔狐愁。史册有遗训，无贻来者羞”是他一生的座右铭，也是其出仕为官的行为准则。

包拯生前曾留下一篇家训，要求“后世子孙仕宦，有犯赃滥者，不得放归本家，亡殁之后，不得葬于大茔之中。不从吾志，非吾子孙”。在他的言传身教下，其子孙莅官临事，均廉洁自律、清苦守节。

“铁面无私，世上何曾嫌黑脸；黎民有爱，人间依旧拜青天。”包拯一生廉洁公正、刚正不阿，行事英明果断，被百姓誉为“包青天”。

官清赢得梦魂安——周敦颐

周敦颐（1017—1073），字茂叔，道州营道（今湖南省道县）人，北宋哲学家。因筑室庐山莲花峰下的小溪上，取营道故居濂溪以名之，后人遂称为濂溪先生。他为官清廉，治学严谨，为人正直，其“出淤泥而不染，濯清涟而不妖”的《爱莲说》正是其为官时所作，他以莲喻己，在官场中守住本心、抵制诱惑、坚持操守，为后人所敬仰。

周敦颐雕像

周敦颐在巡按端州期间，发现知州利用职权，滥采著名的“端溪砚石”，与民争利，导致民不聊生。他革除弊政、弹劾知州，狠刹端砚贪腐风。任永州通判时，侄子周仲章来看望他，想求个一官半职，被他严词拒绝，作诗告诉侄子“事冗不知筋力倦，官清赢得梦魂安”。

周敦颐为官崇拙去巧，立诚立信，以廉判明断著名。他第一个官职是分宁主簿，有一个案子久决不下，他到任后，“一讯立辨”。这引起了当地人的惊异：“就算是老吏都做不到啊。”很快被推荐做南安军司理参军。有个人犯了罪，但法不当死，转运使王逵却想重判他。王逵是著名的酷吏悍吏，大家都不敢和他争，周敦颐却不怕，与他力争，但王逵不听，周敦颐当即决定弃官而去，说："这样的官有什么可做的！杀人以媚上，我决不做。"一句话惊醒了王逵，囚犯得以幸免。

周敦颐为官三十余载，没有随波逐流、同流合污，始终按照自己提出的"明通公溥""公于己者公于人"的原则办事，从不为自己谋求私利，如同他笔下的一品清莲，堪称古今清廉典范。

德才超众　千年英雄——苏轼

苏轼（1037—1101），字子瞻，号东坡居士，眉州眉山（今属四川）人。北宋文学家、书画家，“唐宋八大家”之一。一生勤政爱民，政绩卓著，清明从政，一心为民。

苏轼曾在登州（今山东蓬莱）做过五日知州，就在这短短的五天时间里，先后两上奏折，一惠民一忧国，以其任职时间与所上两折之比例看，可谓“政绩显赫”，被后人称颂。

苏轼雕像

苏轼在徐州当知州时，黄河决堤，徐州城外汪洋一片，水深二丈多。他亲自登上城楼，带领全城军民加固城墙，堵塞漏洞，修大堤，白天在前线指挥，晚上就睡在城墙上的棚子里，几过家门而不入，历时70余天，洪水终于退去。在任杭州太守期间，主持修缮六井，解决杭州居民用水问题；同时率领军民大力疏浚西湖，并将挖出来的葑根、淤泥，筑成一条贯穿西湖的长堤，后人称之为“苏堤”。在颍州（今安徽阜阳）太守任上，他叫停了劳民伤财的八丈沟工程，同时浚治清河和颍州西湖等，使颍州西南一带大获水利之益。

苏轼除积极参与治水实践之外，还撰写了《熙宁防河录》《禹之所以通水之法》《钱塘六井记》等文章，被评为“第一批历史治水名人”，并入选了世界“千年人物”。

苏轼一生都保持着清廉为官、造福百姓的本色。他认识到“廉”是官场立足之根本，并作《六事廉为本赋》，强调官员应具备“廉善、廉能、廉敬、廉正、廉法、廉辨”六项能力，告诫同僚也告诫自己“功废于贪，行成于廉”。

精忠报国　平居洁廉——岳飞

岳飞雕像

岳飞（1103—1142），字鹏举，宋相州汤阴县（今河南安阳汤阴县）人，著名军事家、战略家，抗金英雄。

北宋末年，女真族建立大金国，直接威胁北宋的生存。岳飞的母亲在岳飞的背上刺下“精忠报国”四个大字，送十九岁的岳飞从军。

十余年间，岳飞率领岳家军同金军进行了大小数百次战斗，所向披靡，金人流传“撼山易，撼岳家军难”，是对岳家军的最高赞誉。1140年，完颜兀术毁盟攻宋，岳飞挥师北伐，先后收复郑州、洛阳等地，又于郾城、颍昌大败金军，进军朱仙镇。宋高宗、秦桧却一意求和，以十二道“金牌”下令退兵，岳飞在孤立无援之下被迫班师。在宋金议和过程中，岳飞遭受秦桧、张俊等人的诬陷，被捕入狱。1142年1月，岳飞被以“莫须有”的“谋反”罪名杀害。

宋孝宗时岳飞冤狱被平反，改葬于西湖畔栖霞岭。追谥武穆，后又追谥忠武，封鄂王。他的不朽词作《满江红·怒发冲冠》，是千古传诵的爱国名篇。

人们喜欢岳飞，不仅爱其“壮志饥餐胡虏肉，笑谈渴饮匈奴血”

的豪迈，也爱其“文臣不爱钱，武臣不惜死，天下太平矣”的风骨，还爱其“以身许国，何事不可为；以身许国，何事不敢为”的忠贞。其严于律己、廉洁奉公的伟大精神也成为中华儿女修身、立业、报国的典范。

他的一生虽然短暂，却在中国历史上留下了浓墨重彩的一笔。千百年来，岳飞精忠报国的爱国情怀家喻户晓、千古传颂。

勤政富民　重农著书——王祯

王祯（1271—1368），字伯善，山东东平人，元代农学家及活字版印刷术的改进者。一生恪尽职守，公正无私，勤勉务实，为民办事。

王祯在旌德县尹任内，生活俭朴，经常将薪俸捐给地方兴办学校，修建桥梁，整修道路，施舍医药，教农民种植、树艺。时人颇有好评，称赞他“惠民有为”。旌德县多山，耕地大部分是山地。有一年碰上旱灾，眼看禾苗都要旱死，农民心急如焚。王祯看到旌德县许多河流溪涧有水，想起从家乡东平来旌德县的时候，在路上看到一种水转翻车，可以把水提灌到山地里。王祯立即开动脑筋，画出图样，又召集木工、铁匠赶制，组织农民抗旱，就这样，水转翻车使旌德县几万亩山地的禾苗得救。

王祯画像

王祯继承了传统的“农本”思想，认为从中央到地方，政府的首要政事就是抓农业生产。无论是在旌德还是在永丰任职，王祯劝农工作政绩斐然。所采取的方法是，每年规定农民种植桑树若干株；对麻、禾、黍等作物，从播种到收获的方法，都一一加以指导；画出各种农具图形，让百姓仿造试制使用。同时，王祯“以身率先于下”“亲执耒耜，躬务农桑”。在永丰县尹任内，王祯以奖励农业和教育为主要任务，经常购买桑树苗、棉花籽教导农民种植，鼓励他们种好庄稼。旌德、永丰两县民众对他十分敬重，念念不忘。

王祯留心农事，处处观察，积累了丰富的农业知识。每到一地，就传播先进耕作技术，引进农作物的优良品种，推广先进农具，这些做法为后来撰写《农书》积累了丰富的材料。王祯《农书》与《氾胜之书》《齐民要术》《农政全书》并称“中国古代四大农书”，王祯也与西汉的氾胜之、北魏的贾思勰、明代的徐光启齐名，成为中国古代著名的四大农学家。

治世之能臣　为民之廉吏——甘士阶

甘士阶画像

甘士阶（约 1545—1608），字维藩，号紫亭，明代江西信丰人，曾任大理寺左少卿、两浙（浙东、浙西）巡抚等职。他选贤用能，勤政俭朴，政绩突出，廉声远播。入仕为官后，无论在朝廷还是地方，他始终为百姓着想，特别能体察民间疾苦，常常仗义执言，为民请命。

任山东道御史时，正值倭寇猖獗，侵犯沿海，内忧外患，而朝廷的一些权臣居庙堂之高，只知钩心斗角。甘士阶见此忧心忡忡，上书朝廷：廷臣不以国家百姓为重，为一己之私争权夺利，必然会让奸邪小人有机可乘，窃取国家权柄，如此国家就危险了。他提出，应以国计民生为重，以团结一心为宗。

万历二十七年，甘士阶任大理寺左少卿，掌管刑狱的复核拨正。有一次，吏部一名官员因触犯刑律被革职下狱，其家人托人找到甘士阶，希望他能念及同乡之情从轻量罪，并送给他一方金砚台。甘士阶严词拒绝，说道："日无私照，法无私情。"

明万历三十二年，甘士阶调任两浙巡抚。抚浙第四年，浙江发生特大水灾，田地被洪水冲毁，许多百姓无家可归，生产生活资料荡然无存。他打开粮仓发粮济民，请发帑金赈济，同时还捐出一年的俸禄赈灾。在他的带动下，浙江府衙大小官吏捐俸者达十之八九，乡绅富户也纷纷慷慨解囊，自赈其乡。

次年春，甘士阶因操劳过度病故于任上。甘士阶去世时官邸四壁徒然，柳条箱里只有少量换洗的衣裳。

为了缅怀甘士阶治理两浙的功绩，经朝廷核准，两浙百姓在杭州武林书院建立了甘公祠，为其立生像、叙事功。甘士阶一生清廉为官、体察民情，为群臣所赞赏，为百姓所爱戴，是一位杰出的廉吏。

坚守本心 “天下廉吏第一”——于成龙

于成龙（1617—1684），字北溟，号于山，清山西永宁（今山西吕梁）人。累官知府、福建按察使、直隶巡抚、两江总督等职。

于成龙雕像

为官二十余载，于成龙始终平易近人、善待百姓，深受百姓爱戴。1661 年，于成龙怀着“此行绝不以温饱为志，誓勿昧天理良心”的抱负，到遥远的边荒之地广西罗城出任县令。当时的罗城，经历多年战乱，遍地荒草，百姓无以为生。

上任之后，于成龙抱着“为民而死甚于瘴疠而死”的决心，平定“柳城西乡贼”，又宽减徭役，兴建学校，创办养济院，让罗城摆脱了混乱。为了恢复经济，于成龙劝课农桑，奖罚并用，鼓励耕作，终使百姓过上了安居乐业的日子。

百姓的日子变好了，但于成龙却始终清贫如一。他在罗城，插蒿棘为门，以土砾为几案，由原来的日食两餐减成一餐。衣食住行，简约清俭，除朝廷俸禄外，其他分文不取。百姓怜其清苦，凑集少许银钱，为他购买盐米。于成龙说：“我一人在此，何须如许物，可持归奉汝父母，一如我受。”

1681 年，于成龙被提拔为两江总督。两江是国家财赋重地，政务繁杂，尽管大权在握，但他仍然恪尽职守、勤勉力行，常常微服私访，深入了解民情民意、官吏操行。1684 年于成龙病逝，百姓纷纷“罢市”“哭巷”，焚香祭奠。康熙亲自为于成龙御书碑文，追封太子太保，赠谥号“清端”，并赞誉他为“天下廉吏第一”。于成龙一心为公，廉洁从政，为后世留下了宝贵的精神财富。

一生清慎勤　何惧财色权——魏象枢

魏象枢雕像

魏象枢（1617—1687），字环溪，号庸斋。清山西蔚州（今河北蔚县）人。顺治进士。历任刑科给事中、左都御史等职，累官至刑部尚书。作为言官，敢讲真话；作为能臣，为平定三藩之乱立下大功；作为廉吏，他“誓绝一钱”，甘愿清贫；作为学者，注重真才实学。是“清初直臣之冠”。

魏象枢任都察院左都御史后，第一道奏疏就提出了整治腐败的“十不许”：不许州县谒见督抚布按；不许督抚布按借访视为由敲诈勒索；不许府州县擅离地方赴省城拜寿，夤缘通贿；不许督抚布按自开“便门”营私；不许督抚布按设法“作兴披半”；不许督抚布按借称部费科敛；不许贿卖童生、滥额私取；不许捏报价值、损害百姓；不许借“补库”诸机任意洒派；不许包庇“离任”，侵吞库银。纠察百官十余载，魏象枢始终坚持秉公办事、严惩贪腐，经他弹劾而被罢免的贪官污吏多达数十人，即使是对索额图、明珠这样的重臣也毫不怯懦。

魏象枢对官员廉洁有着比较系统的思考。他向康熙提出了“督抚廉则吏治清，民生遂而天下安”的主张，倡议建立旌廉之典，赏廉罚贪，特别是赏罚首重官员，因为“源清则流清，源浊则流浊”。他主张对三品以上律己清洁、屏绝馈受、恪遵职业道德的官员予以纶音褒奖。康熙采纳了他的建议，于是像于成龙、张伯行等一大批清廉官员被破格提拔重用、树为楷模。

魏象枢身在官场30余年而尘泥不染、守身如玉。他不畏权贵、为民代言，生平上疏多达100余份，全部言之有据、陈必有效，在当朝就被奉为从政的典范。康熙皇帝褒奖他“清、慎、勤”三字，并钦赐“寒松堂”书匾以传颂他的美德。直到乾隆时期，皇帝还下令群臣“言官奏事当如魏象枢奏疏”。

廉之行

LIAN
ZHI XING

廉 之 行

——中铁高新工业股份有限公司“六廉”文化建设纪实

越是源远流长的企业，越是不可避免地要面对一个惊心动魄的时代之问——在漫长的岁月更迭中，任凭风云变幻，如何长盛不衰？如何历久弥新？

历史总是在解决问题中创造。回答时代之问，作为世界500强中国中铁股份有限公司旗下企业，发轫于一个多世纪前反抗西方殖民主义伟大斗争的中铁高新工业股份有限公司，站在新的历史起点上回望百年初心，从中国优秀传统文化中寻找答案，精准筹划，重磅推出了“六廉”文化品牌。

廉善、廉能、廉敬、廉正、廉法、廉辨，这就是“六廉”——“廉者，政之本也，民之表也”，一个“廉”字，串起了传统廉政文化与新时代中国特色社会主义廉洁文化。

中铁工业发布《“六廉”文化选集》

“六廉”工作室应建尽建，“六廉”活动应办尽办，“六廉”创新应上尽上……中铁工业党委全力推动，仅仅3年时间，“六廉”文化品牌已从小树苗长成参天大树，为干部职工所耳熟能详、喜闻乐见，成为闪亮名片，释放出强劲活力。

这是中铁工业人在全面建设社会主义现代化国家、以中国式现代化全面推进中华民族伟大复兴的新征程上，以廉洁文化建设为企业铸魂，确保企业始终运行在正确的轨道上，推动企业在百年未有之大变局下长远健康发展作出的重大探索、交出的亮丽答卷。

（一）高擎旗帜，百年企业再出发

一组组数据、无数个第一，记录着中国中铁对中国铁路事业的巨大贡献。

1894 年，中国第一座大型钢桥——京奉铁路滦河大桥胜利竣工。以架桥的 300 余名技工为班底，中铁工业所属中铁山桥集团有限公司的前身——北洋官铁路局山海关造桥厂诞生，民族工业的先河盛大开启，一举铸就了世界 500 强企业中国中铁的源头。

1905 年，由“中国铁路之父”詹天佑担任总工程师并主持，我国独立设计修建的第一条铁路——永载史册的京张铁路开启建设征程，山海关造桥厂不辱使命，顺利完成了铁路沿线全部 121 座钢桥的制造。

1950 年，新中国刚刚成立，百废待兴。为了打通西南交通要道，党中央批准修建新中国成立后的第一条铁路——成渝铁路。1950 年 6 月，在成渝铁路开工典礼上，邓小平、贺龙等老一辈革命家授予中国中铁建设者“开路先锋”旗帜。经过 2 万多名建设者连续两年的艰苦奋斗，成渝铁路于 1952 年 7 月 1 日正式通车。毛泽东主席亲笔题词“庆贺成渝铁路通车，继续努力修筑天成路”。

……

20世纪50年代以来，中国中铁参与了国内所有主要铁路的建设，其中包括世界上海拔最高的铁路青藏铁路、中国最长的重载铁路大秦铁路、在地质构造最为复杂的地区修建的铁路成昆铁路、中国最长的南北铁路京九铁路等。

一代代中铁人，用壮志和热血，书写了中国铁路建设的灿烂篇章，创造了一个又一个伟大奇迹。

2021年6月8日，建党百年之际，中国中铁党委在中铁山桥开展党史学习教育实地践学暨专题读书班活动。山东诸城王尽美研究会和中国中铁及下属各单位负责人与职工代表150余人出席。

上午的议程十分紧凑。先是在中铁山桥红桥文化广场隆重举行了向党的一大代表王尽美雕像敬献花篮仪式。接着参观了中铁山桥辙叉车间、道岔车间、百年山桥历史文化长廊和中铁工业“建党百年、工业报国”主题展览。随后召开了纪念中共一大代表王尽美同志座谈会，全体人员观看了王尽美革命事迹短片和微电影《尽善尽美》，一起回顾了王尽美在中铁山桥开展工人运动和三代山桥人传承尽美精神的故事。

座谈会上，中国中铁党委书记、董事长陈云，中国中铁党委副书记、总裁陈文健等同志，与老一代工人代表司然、侯文公，中铁工程装备集团有限公司首席专家、全国人大代表王杜娟，中铁九桥工程有限公司电焊工、全国劳动模范、党的十九大代表王中美等亲切交流，详细询问他们的近况，以及意见建议。

下午，中国中铁党委中心组在中铁山桥会议室举办了第三次学习会议暨党史学习教育专题读书班，与会人员集中学习了习近平《论中国共产党历史》、习近平总书记重要文章《用好红色资源，传承好红色基因，把红色江山世世代代传下去》，并围绕“中国共产党为什么

‘能’，马克思主义为什么‘行’，中国特色社会主义为什么‘好’”“江山就是人民，人民就是江山”等题目开展了研讨。

党的一大代表王尽美在山海关铁工厂（中国中铁山桥集团）创建了秦皇岛地区的第一个党组织

这是一次在特殊时刻回望初心、擘画未来的盛会。

中铁山桥是央企党组织的发源地。1922 年 8 月的一天，一位 24 岁青年从北京来到山海关铁工厂，当了一名学徒工。他就是中国共产党创始人之一、中共一大代表王尽美。受李大钊同志的派遣，秘密前来组织和领导工人运动。他白天参加劳动，和工人打成一片；晚上在工友夜校宣讲革命道理，传播马列主义。

9 月，王尽美与比他先进厂的党员杨宝昆，在工人中发展了 2 名新党员，建立了党的秘密小组——这是冀东地区第一个党组织。一个月后，王尽美组织领导声势浩大的京奉铁路工人大罢工并取得全面胜利，在中国工运史上留下了浓墨重彩的一笔。次年 2 月，王尽美被党组织调回北京。虽然只是当了半年学徒工，但他播撒的红色火种在工厂里代代相传、生生不息，中铁山桥也因此有了一个新生的名字——“红桥”。

经过半个多世纪的发展，昔日的山海关铁工厂，已晋升为铁道部山海关桥梁工厂。1989 年 7 月，18 岁的小伙李家泉从山桥技校电焊专业毕业后，与一批有志青年一道进入山海关桥梁工厂，开启了激情燃烧的岁月。

“山桥在每个阶段都有一个特别响亮的口号，像我参加工作的时候，墙上是‘爱党爱厂、严细遵章、优质服务、勤奋争光’，每个人一进厂，看到的就是那些大字。”已经 53 岁、现为中铁工程服务有限公司党委副书记、纪委书记、工会主席的李家泉回忆。

“我印象里是给王尽美雕像搬了三次家，因为立雕像的时候我已经参加工作了。”

“我们每天上班，王尽美看着我们，我们看着王尽美，那时候心情真不一样，我们叫革命先驱，我们来沿着你的足迹，按照你的思想，我们去努力工作。下班了，看看你，今天我完成好工作了，我可以安心回家了。”

“受王尽美的熏陶和影响，山桥的党员很多，优秀党员也多。”

“山桥在业内有个称号叫‘眼王’，桥型很多种型式要用栓接，通过设计我们把孔事先打好，到桥上去基本上严丝合缝，螺栓往里一对就可以了，精准度其他小企业做不到的。”

“中国公铁两用大桥 5 座里程碑：武汉长江大桥、南京长江大桥、九江长江大桥、芜湖长江大桥、武汉天兴洲长江大桥，山桥都参与了，有的是全程参与。”

“山桥应该是中国唯一一家 6 次铁路大提速全部参加了的企业。大概是第四次大提速的时候，全国的产能已经枯竭了，山桥就提出，你们干不了的我们全干，三班倒，人歇马不歇，涌现出了好多劳动模范，而且产品质量也特别好。”

“山桥厂叫‘铁半城’，山海关14万人口，其中7万是农村户口，7万是城镇户口，这7万城镇人口当中，有35000人是山桥的职工和家属。山海关的财政税收80%、最高能达到90%，靠山桥来提供。”

“我1989年参加工作，到1995年前后，那时候银行、公安、税务还不吃香，山桥的小伙打着灯笼找对象，‘想找谁找谁’。”

“山桥就是这么一家让员工特别有自豪感的企业。”

讲起灵魂里的中铁山桥，年逾五旬的李家泉仍然激动不已，说话的分贝明显提高，像打开了记忆的阀门，无边无际、波涛汹涌。

精神的传承总是在人与人之间进行。

2023年11月7日，全国五一劳动奖章获得者、中铁山桥特级技师张明，再进中铁山桥红色工业教育基地，重走中铁山桥红色工业教育路线。

在中国中铁党委关心支持下精心打造的中铁山桥红色工业教育基地，先后获评中国中铁首批“开路先锋”文化教育基地、李大钊干部学院实践教学点、全国关心下一代党史国史教育基地、第二批国家工业遗产单位、秦皇岛市爱国主义教育基地等，荣誉满身，是名副其实的红色基因传承阵地。中国中铁围绕中铁山桥红色工业教育基地筹划推出的中铁山桥红色工业教育线路，早已成为干部职工接受思想洗礼的必经路线。

今年以来，这条由红桥党建馆、红桥文化广场、道岔百年车间的历史文化长廊、践行“三个转变”辙叉分公司、“六廉”工作室组成的教育路线，已接待政府、企业、合作单位、社会各界的爱国主义教育活动近百场，接待参观人员超5000人次。

其中，红桥党建馆以“百年党建”为主题，由“红色之源”“开路先锋”“尽善尽美”3个大厅组成。

红桥文化广场占地1922平方米——“1922”这个数字，是为了纪念王尽美1922年来到中铁山桥开展革命工作。红桥文化广场原先命名为“山桥青年园”，是1984年中铁山桥的团员青年利用业余时间出工劳动，取材工业边角废料，耗费7个月修建而成。这座凝结着青春汗水、青春风采的广场，曾荣获“五讲四美三热爱”优秀青年工程。1994年，汉白玉材质的王尽美雕像坐落于此。2021年，这座广场被重新命名为“红桥文化广场”。在广场上，除了有王尽美雕像，还有“红桥”标识，6件石刻书体，百年山桥图，以及几件老设备——目之所及，无不承载、传递着红桥精神。

道岔百年车间建于1920年前后，是中国第一组道岔、第一组提速道岔、第一组高速道岔的诞生地，虽历经多次改、扩建，但原框架结构仍保存完好，目前主要负责普速道岔钢轨件的生产。2021年，中铁山桥将其中的电焊跨改造成了历史文化长廊，百年企业的光辉历史，尽现于此。

辙叉分公司机加中心是中铁山桥道岔产品的主制车间，以高锰钢辙叉、合金钢辙叉机加工为主。这里是贯彻落实习近平总书记“三个转变”重要指示精神的战斗一线，辙叉分公司因此获誉“践行‘三个转变’辙叉分公司”。在展示区，陈列着产自韩国、美国的辙叉以及我国自主研制的闪光焊接辙叉、合金钢辙叉、高锰钢拼装辙叉等精品辙叉。

“六廉”工作室旨在弘扬“六廉”文化，深入挖掘企业红色党建文化中的“六廉”文化元素，融入红桥精神，由“六廉”释义区、制度区、文化营廉区、红桥党建工作法区、清心省廉区、“六廉”文创产品区六大区域组成。

张明沿着教育路线，边走边看，不时停下脚步，若有所思。在王尽美雕像前，他肃然而立，久久注目。在“六廉”释义区，他逐行阅读，细细品味。

回顾企业波澜壮阔的发展史，张明又一次强烈地感受到，在党的领导下，中铁山桥从民族工业先行者到红色工业先行者的成长蝶变，百年光辉历程见证了中国铁路事业从无到有、从小到大、从弱到强的伟大跨越，一代接一代的山桥人，听党话跟党走，以忘我的境界，矢志不渝为交通强国建设奋斗终身。

张明勉励自己，作为新时代中铁山桥的一名技能工人，一定要继续深入践行“领路先行，尽善尽美”的红桥精神和“守正创新，六廉兴企”的廉洁文化，站好专业岗，千方百计为企业高质量发展贡献自己的力量。

回望百年历史，正是文化的赓续、精神的传承，成就了今日之山桥。

中铁山桥党委委员、纪委书记刘小刚说，自王尽美时期以来，中铁山桥经历了 4 个历史阶段：1922 年到 1949 年，挺起脊梁、贡献力量；1949 年到 1978 年，自力更生、艰苦创业；1978 年到 2012 年，改革改制、做大图强；2012 年以后，守正创新、践行转变。

“守正创新、践行转变”，这也是整个中国中铁所面临的现实。

作为一家老牌国字号企业，适逢百年未有之大变局，中国中铁迎来新的发展窗口期。机遇与挑战并存。一方面，中美竞争加剧，科技战愈演愈烈，国产化的风口不可逆转地到来，作为深耕国内市场的企业，一直强调战略自主的中国中铁，获得了一片广袤无边的蓝海；另一方面，贸易保护主义抬头，以威胁国家安全为借口恶意打压我国关键产业的戏码轮番上演，国际大循环受阻，不确定性增加，走出去难上加难，保增长压力空前。

面对外部环境变化，如何强身健体、练好内功，形成新质生产力，是摆在中铁人面前的一道必答的考题。

正是在这样的情况下，中铁工业推出了影响深远的“六廉”文化品牌。

中铁工业旗下拥有中铁山桥、中铁宝桥、中铁科工、中铁装备、中铁九桥、中铁工服、中铁重工、中铁环境、中铁新型轨道交通等 10 家全资及控股子公司，业务范围涵盖隧道掘进设备、铁路道岔、钢桥梁、铁路施工机械、桥梁施工机械、新型轨道交通车辆、高端环保装备的研发设计、生产制造、技术服务和项目投资等，主营业务的市场占有率和综合实力位居世界前列。

2017 年 3 月 2 日，上海证券交易所内，随着一声锣响，中铁工业正式登陆 A 股市场，掀开了企业发展史上新的一页。

挂牌上市，标志着企业高质量发展按下“快进键”。

产品与质量，改革与发展，有条件得上，没有条件创造条件也得上，容不得中铁工业上下有半点犹豫。但伴随全面从严治党和全面深化改革的纵深推进，一些老毛病和新问题逐渐凸显。深挖根源，制约企业发展的因素大致包括：人员素质参差不齐、思想守旧固化、对企业全面步入新时代的认识不够、步伐跟不上等。

从成员机构成立的时间来看，有的已有百年历史，有的刚刚成立。

从地理环境来看，有的在华北平原，有的在西北高原，有的在长江之滨，有的在黄河流域。从企业基本面看，有的产业占据高端，有的产品刚刚试水；有的开拓创新突出，有的技术力量薄弱；有的人员规模庞大，有的员工队伍薄弱。从经营管理看，企业内部存在着人员集中固定、资金密集、高知员工占比小、管理水平不能完全满足上市公司要求等问题。

从发展战略看，在推进产业一体化布局、增强各业务板块协调联动与子企业自力更生、自主发展的惯性之间，以及中铁工业一盘棋发展布局与子企业既定发展路径之间存在不协调的问题。从发展绩效看，战略规划的组织实施能力弱、本位主义影响有效沟通、部门之间的合作效果不理想、难以聚合创新资源等矛盾比较突出，企业整体“集”而不“团”、“整”而不“合”、“大”而不“强”。从全面从严治党看，部分单位党组织履行主体责任缺监督抓手、缺推动机制，纪检干部兼职问题突出，普遍存在认识不高、业务不精、责任不清、前途不明的问题，纪委单兵突进、缺乏系统集成推进的状态。

如果说时间与地域差异是一道道客观的、天然的鸿沟，那么，“人”的因素，从某种意义来说就仿佛一道沟壑横在面前，主要表现在制度建设朝令夕改，制度执行不严不实，企业经营不规范，投标质量不高，违规违纪时有发生。

“中铁工业重组之后，尚未形成普遍认同的企业文化，各成员单位之间战略协同不足、产业融合不够，加之企业管理中的标准不一、管理惯性等问题，给中铁工业快速融合、实现高质量发展带来巨大考验。”中铁工业党委委员、纪委书记陈立峰说。

建企业犹如盖房子，基础不牢便会地动山摇。建立符合新时代、新形势要求的文化品牌迫在眉睫！

通过摸索，中铁工业领导班子成功找到了破解影响企业“一盘棋”战略、制约企业高质量发展的“金钥匙”，那就是：守正创新建设廉洁文化，促进制度文化深度融合，“六廉”护航企业发展行稳致远。

“中铁工业是一个重组性的企业，实际上我们对国有企业和中央企业开展了不知道多少次重组，现在回过头来看，应该说很多重组非常成功，但不成功的也不在少数。”中铁科工集团有限公司党委书记、董事长焦卫华说。

在“六廉”文化品牌推出之时，焦卫华担任中铁工业党委宣传部部长，是这项创新的“开创者”之一。据他回忆，重组之后，倡导中铁工业一盘棋，但在推进实施过程中，发现很多方面没有达到预期，与战略目标存在较大差距，“我们也在思考，这种重组型企业，你靠什么来真正把大家融合在一起，形成一盘棋，形成统一的团队？最后我们觉得靠权力、靠制度、靠权威能起到一定作用，但根本上要实现中铁工业的一盘棋，还是要靠文化融合。”

焦卫华说，同频才能共振，只有找到共性的东西，只有调到同一个频道上来，才能达成共识、实现共鸣。“比如说我们原来还要对产业板块，包括现在的几大制造基地进行重新整合，包括管理体系来进行一个整合。推进过程中发现，我们的业态太复杂了，远远没有想象中那么简单，不像工程局，工程局同质化，它就是做工程建设总包的。我们感觉到必须从精神价值层面、文化层面来统一。”

在中铁科工党委副书记、纪委书记丁建强看来，花样翻新的腐败是企业可持续发展面临的最大威胁，而如何解决腐败，最终要靠文化。

“我一直认为‘三不腐’最根本的问题是‘不想腐’，如果解决不了‘不想’的问题，前面两个问题即使解决也是暂时的。我这次‘不敢’，我下次有可能就敢。你现在‘不能’，随着时间的变化，曾经的‘不能’，最后也会产生制度漏洞，也会有可能，但是‘不想’是真正的根本。俗话说‘一俊遮百丑’，我们往往在用人问题上，偏重市场经营能力强、技术能力强或者现场管理能力强，而忽略了对综合素质的要求，特别是廉洁、合规的要求。”丁建强感叹。

陈立峰认为，对于中铁工业而言，廉洁文化建设既是预防腐败的“防腐剂”，又是团结队伍的“黏合剂”、促进融合的“催化剂”，以其重塑企业核心价值理念和管理机制，是相时而动、谋定后动下出的先手棋、长远棋和制胜棋。

作为重组企业实现高质量发展的药方、老牌企业永葆生机时代之问的答案，“六廉”文化就这样盛装登上了历史舞台。它一经问世，便承担着特殊的使命，注定非同凡响。

（二）守正创新，“六廉”文化奏强音

2020 年 1 月，有着丰富纪检工作经验的陈立峰出任中铁工业党委委员、纪委书记。办案无数的他，经过调研思考，决心创建廉洁文化品牌来促进中铁工业产业融合、管理融合和战略协同发展“一盘棋”。

当年 5 月的一天，陈立峰叫来时任中铁工业党委宣传部部长焦卫华，问：“焦部长，咱们工业重组 3 年多，是不是考虑构建我们的廉洁文化？”

既然纪委书记提出来，焦卫华也不隐瞒观点：“我们要根据企业的发展现状，根据党员干部、职工群众，根据企业发展史以及企业党建

文化的基础，自下而上来征集广大党员干部和职工群众的意见，让大家共同参与廉洁文化建设。”

关于品牌文化建设，焦卫华有自己的看法，他认为，品牌的打造不是一朝一夕就能成功的，需要长期的培育，需要获得市场的认可、用户的认可、群众的认可。大家达成共识，然后坚定不移信奉它、追随它，它才能成为品牌并产生后续效应，这是一个长期的过程。

焦卫华的观点深得陈立峰之意。陈立峰遂向党委提议，开展一次廉洁文化理念征集活动，原因有三：一是观察“民意”，也就是企业上下对廉洁的认识和理解；二是了解文化需求，看执行廉洁文化的顺利程度；三是增强凝聚力和廉洁意识，激发企业内部的活力。

2020 年 4 月 3 日，由纪委牵头、党委宣传部配合，中铁工业面向全系统发出通知：征集廉洁文化理念，希望大家踊跃投稿。各个单位参与度都很高，各路人才各展其才，提出很多建议。评审组严格评比，三轮筛选过后初步确定了几个，拿出方案送审，负责终审的陈立峰一看，虽说对大家的积极性持肯定态度，但从这些方案来说，总感觉差点什么，不尽如人意。

陈立峰长期从事企业文化建设，好不好、贴不贴切，一看就知道。他提出意见：“这个文化必须有历史底蕴，有企业特色，还要接地气。你们看，征集的这些多是口号，不合适。”

焦卫华是评审组成员之一，陈立峰的点拨令他茅塞顿开，他于是将征集到的所有作品都拿过来，又仔仔细细翻阅了一遍。这一翻，翻到了“珍珠”—— 中铁科工海外事业部职工张洋提出的“公正生明，六廉兴企”。“六廉”二字让他眼前一亮。

儒家经典《周礼》为“三礼”之首，《周礼》对礼法、礼义作了权威的记载和解释，作为中国古代优秀文化，即便过了2000多年，依然影响深远，发挥着积极作用。

据《周礼·天官冢宰》记载："（小宰）以听官府之六计，弊群吏之治。一曰廉善，二曰廉能，三曰廉敬，四曰廉正，五曰廉法，六曰廉辨。"

东汉学者郑玄，以毕生精力整理古代文化遗产，遍注群经。对这段文字，郑玄注释为："听，平治也。平治官府之计有六事；弊，断也，既断以六事，又以廉为本；善，善其事有辞誉也；能，政令行也；敬，不懈于位也；正，行无倾邪也；法，守法不失也；辨，辨然不疑惑也。"

在这段文字中，善、能、敬、正、法、辨，每个字前面都加了一个"廉"字。可见自古以来，"廉"都是保证国泰民安的尚方宝剑、治国治家的至尊法宝。

焦卫华像突然发现了新大陆一般，非常兴奋。他丝毫没有耽搁，

中铁工业纪委探寻"六廉"文化根脉

立即向陈立峰反馈信息。陈立峰把“公正生明，六廉兴企”八个字拽进手里一看，同样大喜，连说“非常好”。

既要作为廉洁文化理念持续培育，又要与中铁工业“传承超越、创新发展”的企业文化相契合，陈立峰、焦卫华开始琢磨，用“什么”创新，来对应“六廉兴企”。绞尽脑汁谋划数日，两人准备了多个方案，觉着比较成熟了，于是一同去请示中铁工业时任党委书记、董事长易铁军。易铁军听完汇报，琢磨片刻，面色凝重地说道：“就用‘守正创新’吧！‘守正创新，六廉兴企’，‘守正创新’是中央的要求，跟我们企业的传承和发展也很契合，与‘六廉兴企’正好搭配。”

一锤定音！这就是“守正创新，六廉兴企”这八个字的由来。

紧接着，中铁工业召开一系列会议，征求来自各领导层、职能部门的意见。大家一个字一个字地斟酌和体悟，都觉得适合，最终确定“守正创新，六廉兴企”为中铁工业的廉洁文化理念。

在广泛而深入的研讨中，中铁工业人不仅洞悉了“六廉”的精髓，也拓展了“六廉”的内涵。

中铁科工纪委执纪审查室副主任彭智这样理解“六廉”：

“善”，是一种善待群众的为民情怀；

“能”，是工作能力上一定要精进，要有工匠精神；

“敬”，是勤勉敬业，勤勤恳恳，一丝不苟，持之以恒；

“正”，是正直为人，堂堂正正，光明磊落；

“法”，是依规治企，讲规矩，守住底线，不逾红线；

“辨”，是明辨是非，大事面前不糊涂。

彭智说：“我们每一个员工，包括从领导到一般员工，都要在这六个方面发挥自己的聪明才智，为企业的兴旺添砖加瓦，只有这样企业才能行稳致远，我们个人也才能走得更好。这应该是我们做人做事以及发展的一个根基。”

在中铁重工华中分公司党支部书记、总工程师田小凤看来，“正、法、辨”像是“人”字的一撇——品行端正、遵纪守法、明辨是非构成了这一撇；而“善、能、敬”——爱岗敬业，增长自己的本事，为企业、社会、国家多做点贡献，就是“人”字的一捺。

“我理解，‘六廉’的六个字，其实代表着我们每个人身上的六种素质，这六种素质为企业、为社会、为国家提供支撑。‘六廉’应该是廉能并重、以廉为本的思想。”田小凤说。

中铁重工党委书记、执行董事李书学认为，“六廉”的提出，本质上是从历史的长河中找到与企业的传统和现实高度匹配的优秀文化，消化吸收再创造后在企业内部发扬光大。

2020 年 7 月 28 日，对于中铁工业“六廉”文化建设而言，是一个意义非凡的日子。这一天，中国中铁党委常委、纪委书记张建强到中铁装备调研，获悉中铁工业正在创建“六廉”文化品牌，他对大伙儿说，中铁工业抓住了企业党建的核心，纪检工作值得积极打造“六廉”文化品牌。

有了中国中铁党委、纪委的支持，大家对接下来的工作就有了信心。定了就干，一班人迅速修改和完善方案，组织开展系列宣传活动，抱着求实求新的态度追溯挖掘“六廉”文化内涵，用工匠精神打造“六廉”工作室，发挥文艺骨干力量创作“六廉”文创产品。量的积累产生质的飞跃，光彩夺目的“六廉”文化品牌逐渐形成，树立了国企廉洁文化建设的典范。

2020 年 10 月 13 日，中铁工业首个“六廉”工作室揭牌仪式在中铁装备天津公司举行。天津市东疆保税港区党委常委、纪委书记张振才，中铁工业党委书记、董事长易铁军，中铁工业党委委员、纪委书记陈立峰，以及中铁装备总经理赵华共同为工作室揭牌。同时参加揭牌仪式的还有中铁工业2020年纪检、巡察干部业务培训班的中铁工业所属各单位纪委书记。

按照中铁工业“六廉”工作室建设要求，中铁装备天津公司“六廉”工作室在原有“蜂巢式”党建工作室基础上完善建设，内设制度区、学习区、文化区、展示区、理论区、宣教区，主要用于政治学习、理论交流、警示教育等活动。

结合企业实际，展示工作特色，“六廉”工作室还设置了宣传橱窗、家庭寄语展板、警示教育专栏、廉洁“微党课”视频等板块，通过“廉善、廉能、廉敬、廉正、廉法、廉辨”六大范畴全面展示中铁工业党风廉政建设和廉洁文化落实落地情况。此外，在公司员工办公桌上摆放带有“六廉”文化元素的台卡，在厂区、车间、宿舍设置宣传橱窗，营造了崇尚廉洁、弘扬正气的浓厚氛围。

2020年11月17日，距离中铁装备天津公司“六廉”工作室亮相仅一个月零四天时间，中铁工业第一个线上线下一体化的“六廉”工作室在中铁宝桥正式揭牌成立。

跟中铁装备天津公司一样，中铁宝桥的“六廉”工作室揭牌仪式丝毫不马虎。这一天，宝鸡市纪委，中铁工业、中铁宝桥、中铁山桥、中铁科工、中铁装备、中铁重工等多家单位的20多位领导班子成员都来了，不仅参加揭牌仪式，还参加“六廉”文化建设研讨会。

“线上‘六廉’工作室跟现代生活接轨了，大伙儿有时间没时间都可以看，随时随地都能受到廉洁警示教育。”中铁宝桥党委副书记、纪委书记刘军这样向大家介绍这个线上线下一体化工作室的诸多好处。

中铁宝桥“六廉”工作室融合了中铁工业品质、中铁宝桥特色，彰显了“守正创新，六廉兴企”的文化理念，由指引区、学习区、制度区、交流区、文化区、展示区等6个区域组成，每个区域各有侧重，区域之间紧密联系，共同形成了一个有机整体。该工作室不仅建成了学习、参观、教育、交流的传统线下平台，更依托“彩虹党建”App开发了互联网线上平台，包含警示教育、课题研究、指尖微课、廉政要闻等11个子板块，是创新工作方式的新探索、拓展宣传渠道的新途径、展示创建成果的新窗口。

数字化建设为中铁宝桥的干部职工开辟了新天地，成为打造纪检干部快速成长的学校、党员干部警示教育的基地、推动企业健康发展的战斗堡垒。实现信息共享，通过线上平台，中铁工业和所有兄弟单位都可以了解到宝桥的发展变化以及经验介绍，通过“六廉”工作室线上平台，宝桥的兄弟姐妹们可以分享践行“六廉”的收获与心得。在践行“六廉”的同时，中铁宝桥结合自身实际特点，还形成了自己的理念，即“守正创新、六廉兴企，品质宝桥、行稳致远”，将中铁工业提出的“守正创新，六廉兴企”拓展开来，坚定了宝桥不遗余力提升品质、保证长远发展的决心与信心。

据中铁宝桥集团纪委综合室主管方金娜介绍，在首个线上线下“六廉”工作室揭牌成立之后，中铁宝桥扬州公司、南京公司、舟山公司相继于2020年、2021年、2022年揭牌成立了“六廉”工作室，每个工作室都结合了地域特色和企业特征，发挥着应有的作用。

“六廉”文化的传播永无止境，如同反腐倡廉工作永远在路上。

中铁装备纪委副书记雷向东介绍说，中铁工业的第一个“六廉”

工作室在中铁装备天津公司揭牌以后，陆陆续续又有中铁设备公司、盾构公司、服务公司、厦工中铁等子公司揭牌了“六廉”工作室。

（三）百花齐放，春风化雨润心田

2023 年 6 月下旬，在中铁长春东北亚博览城项目所在地，中铁重工在地方纪委、中铁工业纪委和企业全体党员干部的见证下，正式启用装配式“六廉”工作室。

此次揭牌的“六廉”工作室，是中铁重工的首个装配式“六廉”工作室，也是中铁工业首个专门针对工程项目的“六廉”工作室。

在项目上建设“六廉”工作室，让“六廉”文化“天天见”，好似给项目部干部职工拒腐防变穿上了一件脱不掉的“铠甲”。

这无疑是中铁重工深入学习党的二十大和二十届中央纪委二次全会精神，认真落实《关于加强新时代廉洁文化建设的意见》的生动实践。通过将“六廉”文化建设与工程项目建设有机结合，切实解决了“沙滩流水不到头”的问题，打通了党风廉政建设“最后一公里”。

中铁重工“六廉”工作室启用的好消息很快让行业内外人士知晓。8 月 9 日，武汉市洪山区工商联、和平街道党工委，九三学社洪山区工委、洪山区青年民营企业家联合会组团来到中铁重工，以“清廉创建促发展，凝心聚力谱新篇”为主题开展清廉创建小课堂，就廉洁文化建设深入交流和学习。

六廉传承、六廉制度、廉政学习、文化赋能、六廉教育、文创展示及清心省廉角，中铁重工“六廉”工作室“六位一体”多功能布局让大家耳目一新。工作室展有折伞、魔方、廉扇等文创产品，还可播放由中铁工业出品的“六廉”主题歌曲，再加上工作人员对“廉善”“廉能”“廉敬”“廉正”“廉法”“廉辨”和中铁工业“守正创新，六廉兴企”的细致解说，可以让大家深深感受到中华优秀传统文化和新时代中国特色社会主义廉洁文化的魅力。

“《中共中央 国务院关于促进民营经济发展壮大的意见》对民营经济工作提出了新要求，商会要结合清廉创建，在优化民营经济发展环境方面作出新的探索，对标国企，要从‘不能比’变为可以比、敢于比、比得上。”卓刀泉街街道商会会长崔恒海说。

区工商联三级调研员刘兴则分享了洪山区今年以来清廉企业创建的做法和经验，她鼓励与会商会负责人和企业代表争创清廉创建示范点、争建优秀转型民企实践基地、争做民企践学导师。

“六廉”工作室中的文创产品让大家爱不释手。据了解，中铁工业充分激发长期以来沉淀于系统内部的文化底蕴，鼓励广大干部职工集思广益，相继创作出“六廉”歌曲、快板、微视频、摄影、书法、篆刻、剪纸等一大批文化作品。

这些带着“六廉”文化气息的文创产品，用于节目表演、奖品、赠品，春风化雨，润万物于无声，无形中起到了警示教育的作用。

“我们在舟山公司揭牌的那天就开展了‘六廉’家庭表彰会，增加大伙儿的荣誉感。围绕‘六廉’，还创作了快板、三句半、剧本杀、歌曲，形式多样，通俗易懂。开展岗位送廉、警示教育等活动时，向群众和参与人员赠送或者奖励廉洁文创小产品，这里边包括我们征集到的书画作品、廉洁警言警句，有温度、有特色、有新意。”中铁宝桥党委副书记、纪委书记刘军自豪地分享“宝桥经验”。

中铁工业大力弘扬“六廉”文化，目前已制作了文化类、娱乐类、生活类共三大类文创产品，包括钢笔、书签、桌签、鼠标垫、飞行棋、折扇、随身镜、水杯、钥匙扣等40余种。这些富含“六廉”文化的文创产品，用于日常含党建在内的各种各样的活动，受到大家的欢迎，每个人、每个家庭都以收到这样的“奖励”为荣。

“跨越江海贯长虹，八横八纵高铁通，祖国建设跨骏马，山桥担当铸长城，‘六廉’兴企新风赞，守正创新立新功，我们打起竹板抒豪情……”在中铁山桥，经常会从“六廉”工作室传出欢快的音乐和清脆的竹板敲击声。作为廉洁教育可视化教材，《六廉兴企新风赞》快板深受中铁工业干部职工喜爱。

这段快板，经常作为廉洁共建活动的重要内容对外展示。《六廉兴企新风赞》产生以来，先后在中国中铁党史学习教育实地践学活动、中铁工业庆祝建党100周年职工文艺会演等舞台上亮相，惟妙惟肖地向人们展示了“六廉”文化理念、“六廉”文化的独特魅力和“六廉”文化具体实践成果。

快板词如下：

六廉兴企新风赞

作者：张海明

合：跨越江海贯长虹，
　　八横八纵高铁通，
　　祖国建设跨骏马，
　　山桥担当铸长城，
女合：六廉兴企新风赞，

男合：守正创新立新功，
我们打起竹板抒豪情，
合：六廉兴企新风赞，
我们打起竹板抒豪情。

男 1：六廉文化新理念，
咱先把守正创新谈一谈。
守正说的是根本，
遵循规律走得稳。

女 1：党纪国法是红线，
规章制度是底线，
坚持航向不偏离，
初心决心永不变。

女 2：创新说的是发展，
过程围绕核心变，
理论实践相结合，
不断成熟和完善。

男 2：廉洁文化范畴多，
咱再把六廉兴企说一说。
六字格言记心间，
善、能、敬、正、法、辨，

党员干部具备全。

男1：善字就是人为本，
一心为民要诚恳，
群众路线实践多，
党群关系牢又稳。

女1：能字就是敢担当，
人品端正心阳光，
敢想敢说又敢干，
创新路上敢争先。
合：创新路上敢争先。

合：敬畏之心时常有，
爱岗敬业尽职守，
爱党爱国铸忠诚，
时时刻刻践于行。

合：正字代表信念坚，
对党忠诚大于天，
人人心中有杆秤，
公开公平和公正。

女1：党纪国法最重要，

八项规定要做到，
遵守法规和制度，
党的章程要维护。

男 1：辨字代表是清醒，
明辨是非要自警，
思想超前不掉队，
改革攻坚有作为。

女 2：创建六廉工作室，
知行合一践宗旨，
推行六廉工作法，
突出特色规范化。

男 2：说六廉，话六廉，
六廉教育走在前，
廉洁镜，正衣冠，
经常对照不跑偏。

男 1：知识竞赛搞答题，
六廉建设有书籍，
举报箱，宣传窗，
组织员工大学习。

女 1：说六廉，唱廉政，
中铁工业上下齐响应，
从领导到员工，
反腐倡廉记心中。

男 2：六廉文化进工业，
打造廉洁建设新境界。
三设三进目标明，
六廉促进企业兴。

女 2：六廉文化进山桥，
廉洁建设旗帜迎风飘，
从红船到红桥，
红色基因传承不动摇。

男 1：廉洁桥梁绘彩虹，
中国钢桥第一峰，
高铁道岔示范厂，
百年山桥谱华章。

女 1：六廉兴企树新风，
风清气正傲长空，
党风廉政责任制，
紧盯四风不放松。

合：党风廉政责任制，
紧盯四风不放松。

合：六廉文化进工厂，
促进生产经营来护航，
进科研，到现场，
反腐倡廉歌嘹亮。
六廉文化进机关，
加强作风建设要领先，
四种形态运用好，
监督管理不能少。

女合：六廉文化进项目，
一线廉洁建设创新路，
项目生产一体化，
工地盛开廉洁花。

男合：六廉文化进车间，
承上启下落实把好关，
沟通协调保生产，
为民服务用好权。

女合：六廉文化进班组，
作风建设永远不止步，

六廉文化润心田，
全员都能守清廉。

男 1、女 1：坚定理想和信念，
廉洁自律永不变。

男 2、女 2：传承超越铸忠魂，
创新发展更高远。

合：守正创新唱主旋，
六廉兴企保平安。

合：
这正是：
改革发展全靠党，
乘风破浪不可挡，
追求卓越不彷徨，
勇于跨越高质量，
不忘初心记心上，
牢记使命不能忘，
“四个意识”要增强，
“四个自信”作保障，
“两个维护”指方向，
浩然正气圆梦想，
中铁山桥再起航，

世界品牌铸辉煌！

中铁山桥再起航，

世界品牌铸辉煌！

不只《六廉兴企新风赞》火了，中铁宝桥创作的歌曲《“六廉”之歌》也在干部职工中掀起传唱潮。

歌词如下：

走过千山万水

回望来时路

每一个足迹

阳光照耀着大地

跨过大江大河

带着梦

风雨之中信念更坚定

无论走到哪里

矢志不忘

许下的誓言

每一刻都放在心底

守正创新　激励我们默默前行

六廉兴企的旋律　永远动听

一身正气　奉献每一个四季

坦荡胸怀的身躯

那是最美的你

一路清风　画出最美的彩虹

克己奉公的激情

点亮最美的风景

“带着梦，风雨中信念更加坚定。克己奉公的激情，点亮最美的风景。”正如《“六廉”之歌》所唱，中铁工业人正是怀着一颗颗爱国家、爱家庭、爱事业的远大梦想，风驰电掣在祖国的大地上，把幸福来创造、来输送、来播撒。

中铁科工党委副书记、纪委书记丁建强对“六廉”文化有着独到的理解，他说，廉洁文化不是一个人的文化，它应该是一个环境，光靠一个职工讲廉洁，但是周围的环境不廉洁，对个人来说坚守成本是很高的。我廉洁，我的家庭廉洁，我所处的环境、我的供应链都是廉洁的，这样才能从本质上解决问题。廉洁的本质就是处理义和利的关系，以及义和欲的关系，只有把这两对关系处理好了，才能真正廉洁。

2022年3月31日下午，中铁科工纪委在中铁科工“六廉”工作室，给新提拔的四名年轻干部及家属上“任前廉洁第一课”。课堂上，大家一起观看了《家风》和《选择》两部家庭助廉微电影。课上完了以后，纪委书记还给新干部赠送了《廉·心语集》，为家属赠送了“六廉”文创产品，叮嘱他们“睹物思廉”。

丁建强表示：“上这堂课主要有两个出发点，一个是帮助新提拔的干部再紧紧螺丝，扣好廉洁从业的‘第一粒扣子’；另一个要提醒他们的家属，家庭是党员干部的‘后院’，党员干部的家风不是个人小事，更不是家庭私事。”

“记得丁书记当时对我说，作为领导干部一定要注重家风建设，干部家属要常吹廉洁‘枕边风’，不断筑牢家企廉洁防线，以清廉家风涵养清正作风，以好家风促进党风企风，为培育世界一流企业贡献家庭力量。我爱人也对我提出了‘清清白白做人、干干净净做事，宁可清贫自乐、不可浊富多忧’的要求。严管就是厚爱，我深深领会到，只有遵守各项党纪法规，把纪律挺在前，才能扛起肩上的重责，才是对家庭最大的爱护。”丁建强的一席话，让当时新任的中铁科工副总工程师、规划总院院长谢继伟至今难忘。

一同参加谈话的还有中铁科工华东区域营销中心总经理唐江鹤。近两年来，他先是在江夏和徐东两地往返，然后又在华东区域内辗转腾挪，早已经习惯了风里来雨里去、披星戴月的生活。自2022年调到华东区域任职以来，他在工作中大胆探索，以解决问题为首要任务，渐渐从无所适从到心中有底气，廉洁从业是他最大的底气。

“工作表现和取得的成绩都是无数个‘0’，守住廉洁关，是前面的‘1’。如果说守好廉洁关是开展工作的保障，那么家人的谅解和支持就是像我这样在外工作人员最大的底气和福气。”谈起妻子对自己的理解，唐江鹤说道。

听人劝，吃饱饭，夫妻是亲密的爱人，也是互相帮扶的对象，相互提醒，过好每一天。中铁科工装备公司总经理文文和他的妻子余贞子就是这样在相互提醒和监督。

余贞子也是一名纪检人员，她时常提醒身为总经理的丈夫：“人比钱更重要，‘八小时外’也要时刻警醒自己，拒腐防变之心不可松懈，不能忘了初心。”

组织的殷殷嘱托，家庭的满怀期望，一直鞭策着文文，要不断增强拒腐防变能力，要不断提高工作水平，要坚持主动开展工作、创造性开展工作，要带领全体员工奋发有为，向组织交一份满意的答卷。

余贞子2021年7月走上纪检岗位，在中铁重工纪委综合室担任纪检员。在此之前，她不了解纪检工作，觉得贪污腐败跟自己这样的“平头老百姓”没什么关系。进入纪检队伍以后，通过系统性的政治理论学习和业务知识学习，她终于明白“廉洁”跟每一个人都息息相关。而“六廉”文化，则让她对加强党风廉政建设和廉洁从业有了更加具体的认识和更加切身的理解。

2022年3月，文文即将赴任中铁科工办公室主任。作为文文的妻子，余贞子受邀参加了文文的任前廉洁谈话。从那以后，无论是站在家属的角度，还是站在中铁工业系统一名纪检工作人员的角度，她都经常提醒丈夫要保持清正廉洁，坚持反腐倡廉，做一名党和人民放心的好党员、好干部。

中铁科工党委副书记、纪委书记丁建强说，夯实弘扬“六廉”文化，中铁科工打造了“四堂课”：第一堂课是任前廉洁第一课，面向新进大学生和新提拔的干部，在“六廉”工作室，以案例和相关的要求有针对性地开展教育；第二堂课是警示课，每年召开警示教育大会，包括现场警示教育等；第三堂课是上门课，针对项目部人财物的关键环节，除了加强监督，还会上流动廉洁警示教育课，把“廉洁”送到项目上，把“六廉”文化送到一线；第四堂课是家庭课，对新提拔的干部进行廉洁谈话，把他们的父母、子女、配偶都请到家风馆，在现场上主题廉洁课，大家谈想法、谈感触。

你追我赶，毫不逊色于中铁科工的“四堂课”，中铁工服给新提拔干部安排了廉洁教育“四道关”——参观学习第一关、廉洁宣誓第二关、“帮你算账”第三关、廉洁谈话第四关。

中铁工服党委副书记、纪委书记李家泉介绍说，“四道关”都放在“六廉”工作室进行，第一关组织新提拔干部参观“六廉”工作室，讲授“六廉”文化；第二关带领新提拔干部集中宣读中铁工服编写的廉洁誓言；第三关与新提拔干部面“壁”——“六廉”工作室一面被命名为“细算人生七笔账”的墙——而立，细算政治账、经济账、名誉账、家庭账、亲情账、自由账和健康账等“七笔账”，晓以利害，打好预防针；第四关郑重坐下来，推心置腹开展廉洁谈话。

“原来就是叫到办公室，你坐我对面，我谈你记，咱们双方签字就完事了。”李家泉说，这种廉洁谈话千篇一律，每年都差不多。今年中铁工服党委就研究，要创新，充分利用“六廉”工作室，把廉洁谈话真正谈到干部心坎上去。“已经这样谈了两批了，效果很好。在那样的场合跟他们讲廉洁，我都觉得我身上自带光环，按捺不住激动，讲的不是那些枯燥的、乏味的东西，不是官话套话，而是原原本本的心里话。被谈话的干部也说‘书记你在这个场合给我们讲廉洁工作要求，我感觉完全不一样，听得热血沸腾，后背都出汗了’。”

为推动“六廉”文化入脑入心，中铁工服甚至将相关内容列入了选拔、提拔后备干部的考题。

2023 年 2 月 16 日，中铁工业党委召开年度党风廉政建设和反腐败工作会议暨警示教育大会，公司党委书记、董事长张威强调：“聚焦正风肃纪，以深化纠治‘四风’顽瘴痼疾大力推动清廉工业建设。”

中铁工业通过发掘提炼和传播“六廉”文化，推动党风廉政建设和廉洁工程走深走实，系统上下、家里家外实现全覆盖。其中，还包括利用互联网优势，针对企业生产经营特点，实行线上与线下“廉洁监督”，将“六廉”文化融进业务流程。

中铁宝桥在建设“六廉”工作室的过程中，还同步打造了智慧监督平台。该平台系对办公软件进行二次开发而来，具有智能化特点。在平台内置入了规章制度，设置了禁止项和必须项，哪怕是买一瓶矿泉水，从最初发起到最后验收，每一个环节都在平台的监督之下，无所遁形。

“预警了，就是在提醒你违反程序了。连续超过三次，我就要找你的主办人和部门负责人谈话，这就是智慧监督平台。”中铁宝桥集团党委副书记、纪委书记刘军说。

（四）群星璀璨，砥砺奋进新时代

中国中铁党委常委、纪委书记张建强在2022年6月出版的《企廉：“六廉”典型人物选集》中写道：“涓涓不塞，将为江河。希望通过典型示范，引导、激励中铁工业广大干部职工以‘六廉’典型为榜样，做到学廉、思廉、崇廉、践廉，不断提升‘善、能、敬、正、法、辨’六种能力，以正面典型激发向善向上的正能量，在全公司营造风清气正的良好氛围，为实现企业高质量发展、培育世界一流企业作出新的更大贡献。”

为充分发挥“身边人”的示范作用，中铁工业在全公司范围内选出了王杜娟、舒伟浩、王中美、孙仲无、阎帅、徐向军6位“六廉”典型。《企廉：“六廉”典型人物选集》讲述了这些“六廉”典型的感人事迹，已成为不少干部职工的“案头书”。

2023年10月26日，《中国妇女》杂志官方账号发布了王杜娟的事迹介绍：

王杜娟，中国妇女十三大代表，中铁装备首席专家。

在妇女十三大代表驻地，记者见到了王杜娟。她一身深色套装，利落干练的短发，说起自己的职业，脸上写满了自豪，她“门儿清”地向记者介绍起盾构机上万个零部件，以及2000多个控制点等专业名词。“大国工匠”名副其实！

这些年，王杜娟和同事们一起突破多项关键核心技术，实现隧道掘进机关键核心基础部件国产化，在盾构机的研发制造上实现了从引进消化吸收到自主创新的转变。

从业20年、主持设计了1400余台盾构设备的王杜娟，当之无愧地成为中国隧道掘进机设计制造技术从“追赶”“并跑”到“领跑”的见证者、创造者！

采访中，王杜娟告诉记者，目前，中国中铁有5万多名女职工，女工工作一直开展得有声有色，尤其是通过对高端知识女性的引导和关爱，培养了一大批优秀的女干部、女科技骨干。她表示，作为一名妇代会代表，她将更加关注女职工的心理健康和自我成长，同时也将积极履职，为维护女职工权益、发挥女职工作用建言献策、贡献心智。

中铁工业培养的一大批优秀的女干部、女科技骨干，中铁九桥中心实验室电焊工匠技师王中美便是其中之一。

“焊缝是桥梁的生命线，我愿做大桥生命的捍卫者、人们美好出行愿望的成就者。”2023年9月26日，由江西省委宣传部、江西省文明办在宜春市举行的江西省“好人示范宣讲团”成立仪式暨首场示范巡讲活动中，宣讲团成员、中铁九桥“巾帼焊将”王中美对在场聆听的观众这样说。当天，有16位劳模工匠、先锋模范在这里宣讲，他们中有乡村教师、有医生护士、有一线技工、有公安民警、有人民法官……作为优秀的模范代表，他们宣讲各行各业的特色与亮点，宣讲那些动人心扉、令人感慨的发生在劳动人民身上的故事，为在场的所有人呈上了一道精神上的美味大餐。

作为宣讲团中的一员，王中美可谓“颜值与担当并存、智慧与力量兼备”。她是中铁工业的骄傲与自豪。有人不认识她，与她擦肩而过，觉得她不过是万千女人中的一个。但若是知晓了她，肯定会吓一跳，对她深感佩服。

在江西省“文明九江”微信公众号2023年9月28日发布的《江西省“好人示范宣讲团”成立，九江两人入选》新闻报道中，记者向读者介绍，捍卫桥梁生命的“巾帼焊将”王中美，享受国务院政府特殊津贴，荣获“全国优秀共产党员”“全国五一劳动奖章”“全国劳动模范”“全国技术能手”“全国三八红旗手”“中国五四奖章”等称号。她的先进事迹可圈可点：从2021年6月到2023年10月，在中共中央宣传部举行的“传递榜样力量，争取新的光荣”中外记者见面会上与中外记者交流，参与北京八达岭长城火炬传递接力，是江西省第十六届运动会火炬传递仪式中的第6棒火炬手，参加江西省“好人宣讲‘声’入人心”示范宣讲团成立仪式并开展示范巡讲。这些事迹，先后被央视《新闻联播》《焦点访谈》，《人民日报》，学习强国，《中国青年报》等40家媒体报道。

这样一位奇女子，不仅是个精益求精的能工巧匠，还是个劳动模范；她不仅是个特别能吃苦特别能战斗的劳模，还是个好人；她不仅是个心存善念的好人，还是个精气神十足的体育爱好者。若不然，她怎能成为中国中铁的一名工匠技师？怎能成为全国劳动模范，成为全国优秀共产党员，成为党的十九大代表？怎可能手持火炬，成为代表江西省、代表中铁工业的运动会火炬手？

中铁九桥焊接实验室电焊工匠技师王中美，从小生长在“电焊”之家，她的父亲是电焊工，参加工作后，她自己也成了电焊工。嫁给同在中铁工业的老公后，又有了一个同样是电焊工的婆婆。除了家里人之外，还有单位上的师傅。从小到大，王中美跟他们学做事，学做人。

父亲说，占小便宜吃大亏，不能占公家的便宜，首先我们得老老实实做人，踏踏实实做事。

师傅说，节约一根焊条、一段焊丝，节约一点材料，在工作中少返工，可以减少成本。

婆婆天生弱视，视力不好。她老人家的面罩跟别人的不一样，前面除了黑玻璃之外，还有一块像放大镜一样的镜片。焊接主要靠眼睛和手的协调，眼睛看不清楚，手肯定跟不上。这么多年来，婆婆一直没有转岗，做了一辈子电焊工。

不占公家便宜，节约材料和少出残次品，矢志不渝坚持到底，在王中美看来都是廉洁的标志。廉洁当中，还有一点，那就是遇到困难怎么应对。她说：“遇到困难我从不想着怎么退缩，而是想办法解决困难，哪怕是自己克服自己的一些困难。”

说到师傅，王中美还举了例子。师傅张文芳，因为烧电焊，每天身上脏兮兮的，不能穿上一件好衣服；脸上也是，被焊花打得东一层皮、西一层皮。在师傅眼中，好像就没有什么难事。师傅这样，徒弟也会觉得有底气。接到工作任务，心中有师傅、有婆婆、有父亲，就能够放手去干，收到自己都意想不到的效果。然后去钻研，找到适合自己的方法，技能不断得到提升。狭窄的作业空间，僵立的持枪姿势，焊接时的熏烤，弥漫的粉尘，这些无一不说明工作环境的特殊性。她顶住压力，苦练本领，钻研技能，终究练就过硬本领。

王中美的婆婆心疼她，吩咐自己在中铁工业系统从事检测工作的儿子，要多心疼、体谅媳妇，做好后勤工作，因为电焊工作非常辛苦。婆婆的理解，丈夫的支持，让王中美能够安心投入工作，专心致志干事创业。

1981 年出生，到 2023 年已经 42 岁的王中美，从耳闻目睹到成为一名女电焊工，再从电焊“小白”到能工巧匠，经历了 22 年时间。这么多年来，她先后带了一二十个徒弟，并组建了我国桥梁战线的第一支女子焊工队。从业 22 年，有 60 余座世界一流桥梁留下王中美的足迹，参加 27 项技术攻关，取得 19 项技术专利，她和她的团队一起，用精湛的技艺填补了多项焊接工艺国内空白。其中，“王中美焊接工法”使焊接效率和精准率大大提高。她的团队还承担起 27 项材质实验和焊接攻关任务；在世界首座跨度超千米的公铁两用斜拉桥——沪通长江大桥新钢种焊接中再次攻克技术难关。王中美，被中铁九桥赋予“巾帼焊将”的美誉。

无论是王中美本人，还是她的父亲、婆婆、师傅、丈夫以及她所在的团队，都用实际行动诠释了中铁工业“守正创新，六廉兴企”廉洁文化理念中的“六廉”，即善、能、敬、正、法、辨。

在“清廉”的氛围当中，无论工作还是生活，都能够让人静下来做正当的事业。在中铁工业，“六廉”作为一种文化，给企业带来意想不到的切身感受。

来自中铁重工"廉能"家庭典型的田小凤是华中分公司党支部书记、总工程师，在业务中她主要对外开展项目履约、项目建设、对外经营、清收清欠等工作。面对激烈的市场竞争，怎么让中铁工业廉洁文化在项目中生根发芽开花，是田小凤和她的同事们经常研究的话题。

"在市场经营当中，在项目建设履约当中，我们尽可能地保证这里面的每一分钱或者每一份东西都在正常使用范围当中。在选择劳务企业过程中，自身要正，做好管理，尽量避免潜规则。"田小凤说。

在中铁重工，领导不会推荐哪个队伍去做哪个事情，避免有恃无恐、恃宠而骄，导致管理困难。大家公平竞争，谁占优势谁中选，谁能干事谁中选，长期下来已形成了良性循环。

清廉让企业步伐稳健，追求卓越品质，锻造廉洁之风，赢来的是合作方的青睐。中铁重工获得了一个又一个机会，成功拿到并顺利实施了白沙洲快速化改造、额头湾立交三环线段等工程项目。

就像天空中最闪亮的明星——王杜娟、舒伟浩、王中美、孙仲无、阎帅、徐向军等典型，在"廉善""廉能""廉敬""廉正""廉法""廉辨"的荣光宝座上各就各位，作为中铁工业的形象代表，散发出动人的光。

"廉能"典型舒伟浩——中铁重工党委副书记、总经理。2020 年 1 月 30 日凌晨 2 时，正在湖北武汉家中休息的舒伟浩接到火神山医院建设指挥部打来的电话。指挥部要求中铁重工尽快组织人手，当天上工地支援火神山医院建设，该医院建成后用于新冠感染治疗场所。形势紧急，必须在 24 小时内完成医学技术楼主体 19 榀钢桁架拼装。在以往，这可是 48 小时的工作量。

疫情防控丝毫不能耽搁，舒伟浩立即起身，联系公司副总经理洪子滔连夜组织由13名青年技术骨干、4名管理人员组成的突击队，调配二氧化碳气保焊机、焊丝、汽车等设备，支援钢桁架现场安装。在支援火神山医院建设现场，中铁重工建立起一个由7名党员组成的临时党支部，舒伟浩担任临时党支部书记。

临时党支部面临的第一项任务是紧急动员工人参加突击队。参加突击的工人，有大部分来自中铁重工钢结构分厂。在此期间，在武汉周边居住的干部职工们知道消息后，相继回厂，竭尽所能配合火神山医院、雷神山医院建设。

钢桁架，相当于房屋的钢结构骨架。安装过程中需要铆工、焊工、吊车紧密配合，有时还需要人来扛，施工情况复杂而危险，大家都比平时更加认真细致，避免出现危险和返工。经过23个小时紧张施工，次日凌晨1时，突击队提前完成了19榀钢桁架的拼装任务。5个小时后，他们又接到任务：在2月1日凌晨完成火神山医院ICU重症病房792平方米屋面的钢骨架安装和焊接。临时党支部立即组织第二批援建突击队。这一次，突击队成员增至30人，任务由地面作业变成了空中作业，大家相互提醒、鼓励，任务高质高效完成。火神山医院建设一直进行。直到2月3日下午，舒伟浩还和工人一起在工地上。

“廉正”典型孙仲无——中铁宝桥质量管理部职工，工友口中的“老孙”，外号“老倔头”。2001年9月，在中铁宝桥宝鸡桥梁厂铸钢车间当了14年工人的孙仲无，被调至中铁宝桥质量管理部，从事质量管理工作。22年来，他兢兢业业、精益求精、任劳任怨，以实际行动践行了“坚决不让不合格品入库”的庄严承诺。他连续两届获得中铁宝桥“玉兰质量奖”，是陕西省质量管理干部的典范。2021年，中铁工业

“六廉”典型评选中，孙仲无因为综合素质过硬，敢于碰硬较真，被推荐为“廉正”典型，他的事迹在中铁工业系统内广为流传。

“几十年来，质量是你的信仰。你对毫厘的坚持，不仅擦拭着企业的金字招牌，维护的也是企业的生命。若问你的初心是什么，那是对事业的无限忠诚，更是对每一座桥梁、每一座道岔‘细胞’的绝对负责。”在中铁工业庆祝中国共产党成立100周年大会暨基层党建现场会上，中铁工业党委授予孙仲无这样的颁奖词。

“廉法”典型阎帅——2020年初，武汉新冠疫情暴发，阎帅积极响应号召，第一时间到中铁科工所在的新世纪社区报到。在疫情防控关键时期，除了是中铁科工的一名党员和干部，他还身兼数“职”，当上了社区疫情服务志愿者、核酸检测信息员、卡口执勤员、政策宣传员、秩序劝导员、物资配送员、舆情引导员，用实际行动证明了“我是群众的一块砖，哪里需要哪里搬”。他逐楼逐户配送快递、外卖、生活物资等物品，“点对点”服务困难群体，完成由“小区门”到“家门”的安全送达。在社区“察民情解民忧暖民心”实践活动中，他积极为社区治理献计策献力量；其间又增加了新“业务”，帮助社区铲除“牛皮癣”，清除花坛里的杂草，清运暴露在道路边的垃圾、枯枝，整理摆放共享单车，快乐地当上了清洁工、割草工、搬运工……他常常忙得汗流浃背，从来不叫苦叫累，但他的一切行动，都被大家看在了眼里。

“廉辨”典型徐向军——2023年2月18日晚，中央电视台《焦点访谈》播出长达15分钟的视频节目《隐形冠军：桥梁中的“柔”与“钢”》，其中7分钟时长聚焦中铁山桥攻坚克难，不断突破，紧抓机遇，引领行业发展，为中国桥梁事业发展作出的突出贡献。节目中，中铁山桥钢结构研究院焊接室主任徐向军讲述了自己带领技术人员攻克美国韦拉扎诺海峡大桥焊接难题的奋斗历程。

从 2021 年 5 月下旬到 2023 年 11 月上旬，他的足迹遍布大江南北，先后奔赴平阴、合肥、南京、常州、天津、武汉、南通等地，参加与桥梁焊接技术、桥梁设计、新材料研发等有关的技术交流大会和高峰论坛大会，通过互联网视频与同行们探讨业务，无私分享自身积累的经验与心得，共同推进中国桥梁业的发展，为国家和人民造福。2023 年 10 月 19 日，这个勤奋而富有智慧的中铁工业人，再次登上了中央电视台科教频道《人物·故事》节目，介绍他在孟加拉国帕德玛大桥建设中，带领技术人员攻克大桥全焊结构、110 毫米超厚板焊接等难题的故事。

在全面建设“六廉”文化阵地的进程中，中铁工业在系统内选树

中铁工业纪委表彰“六廉”先进典型人物

了6名典型人物、9个廉洁文化建设先进集体、39名廉洁文化建设先进个人和12组典型家庭，以正面事迹引导人、鼓舞人。中铁工业组织团队深度挖掘这些典型人物、先进集体、先进个人和家庭的事迹，形成了丰富多彩的艺术作品。这些艺术作品，通过各种渠道被中铁工业的干部职工看到、听到、欣赏到。廉洁文化作品正能量充足，元气满满，干事创业者在心怀崇敬的同时仿佛看到了自己，也找到了方向，工作更有激情，学习更有信心，生活更加安稳。

深深扎根于党和人民的事业，“六廉”典型立得住、叫得响、传得开，王中美、徐向军等典型频频出圈，在各类社会活动中登台亮相，以独一无二的精气神、奋斗的传奇性和金石般的人格魅力彰显“六廉”文化，成为各级媒体关注的焦点，备受公众喜爱，赢得网民无数点赞，堪称中铁工业的“形象代言人”。

（五）兼容并包，创新成果攀高峰

2023年3月16日，北京，2022年度中央企业党建思想政治工作研究成果发布现场，主持人公布结果后，由中国中铁党建思想政治工作研究会报送、中铁工业纪委承担的课题“廉洁文化建设助力‘三不腐’一体推进的实践研究——以中铁工业‘六廉’文化品牌为例”荣获中央企业党建政研会2022年度优秀课题研究成果一等奖。

这是中铁工业“六廉”文化继斩获中国中铁管理创新一等奖、全国管理创新二等奖后，在廉洁文化建设领域再次摘得的殊荣。

中铁工业党委委员、纪委书记陈立峰代表企业上台领奖。手拿奖牌和证书，万众瞩目之下，他在倍感自豪的同时，深感肩上的责任和担子更重了——做大做强“六廉”文化品牌，推动企业高质量发展，在中铁工业史上再谱华章，需要包括自己在内的全体中铁工业人作出新的更大贡献。

中国中铁高新工业股份有限公司“廉洁文化建设助力‘三不腐’一体推进的实践研究——以中铁工业‘六廉’文化品牌为例”荣获中央企业党建思想政治工作研究会2022年度优秀研究成果一等奖

2014年5月10日，习近平总书记在视察中铁装备时作出了“推动中国制造向中国创造转变、中国速度向中国质量转变、中国产品向中国品牌转变”的重要指示，为我国装备制造业的发展指明了方向。对习近平总书记的指示精神，中铁工业深入学习、坚决贯彻落实。

在践行“三个转变”的过程中更需要廉洁文化护航。中铁工业时任党委书记、董事长易铁军说：“将‘守正创新，六廉兴企’的廉洁理念渗透到公司治理各环节和各关键岗位，营造风清气正、人和企兴的良好氛围，促进各级党员领导干部和广大党员加强党性修养，发扬共产党员的模范带头作用和爱岗敬业、无私奉献精神，永葆清正廉洁的政治本色，为深入践行‘三个转变’作出应有的贡献。”

几年来，中铁工业纪委认真总结“六廉”文化建设中的经验和做法，推进实践基础上的理论创新，不断夯实企业党风廉政建设的思想基础，《创新打造“六廉”工作室平台　为企业高质量发展提供坚强纪律保障》《中铁工业：“六廉”工作室为大国重器穿上廉洁“防护甲”》《中铁工业“六廉”文化建设的实践与探索》等多篇“六廉”理论文章先后在《人民日报》客户端、《人民周刊》、《国资报告》、《国企党建》、《企业文明》等媒体发表，“六廉”文化建设经验进入了大连高级经理学院课堂、湖北省纪检监察干部培训班等研学领域，中铁工业业务教材、《六廉文化选集》、《企廉》等系列文件、书籍、文创产品，送到了中铁工业海外项目、高原铁路项目等施工一线职工中。

“六廉”文化创新典型经验所带来的一系列良好效应，受到社会高度关注，受到纪检系统各条战线的广泛好评，中央纪委国家监委网站、新华网、人民日报海外网等 26 家媒体都发布或转载了中铁工业“六廉”相关事迹。

中共中央纪律检查委员会　中华人民共和国国家监察委员会

领导活动　信息公开　党纪法规　监督举报　审查调查　巡视巡察　视频访谈　历史文化

首页 > 工作动态 > 党风政风

中铁工业:新年廉洁第一课 扣好廉洁从业"第一粒扣子"

来源：中央纪委国家监委网站　发布时间：2023-01-13 14:04　分享

近日，在新年廉洁第一课上，由中铁工业所属中铁宝桥职工创作的诗歌《六廉礼赞》被激情朗诵，现场党员干部纷纷鼓掌点赞。

2023年新年伊始，中铁工业新年廉洁第一课如期而至，地处大江南北的所属企业分级分类开展廉洁教育活动，干部职工同上廉洁第一课。这次的新年廉洁第一课从年轻干部抓起，从廉洁家风做起，引导年轻干部扣好廉洁从业“第一粒扣子”，以家风带动企业作风的转变，以良好风气推进企业高质量发展。

在武汉，中铁工业所属中铁科工举行了一场颇具“春晚”味道的“新年廉洁第一课”。“大家看我手中的毛笔，笔杆是竹子做的，空心、笔直，代表着做人要虚心、正直。”书法老师提笔挥毫写下善、能、敬、正、法、耕六个大字，大家虚心听讲，认真模仿。职工自编自演的《“六廉”微剧场》、相声《说说“六廉”新气象》等，更是将活动推向高潮。通过丰富多彩的活动，在寓教于乐、亲子互动的沉浸式体验中，让廉洁文化走进了职工心里。

在山海关，中铁工业所属中铁山桥的“六廉”工作室里，干部职工认真观看廉洁教育典型案例。“通过观看典型案例，尤其是90后干部被‘双开’的案例，为我们年轻干部敲响了警钟，切莫为了一己私利铤而走险，断送了眼前美好的生活。”中铁山桥年轻干部郭海静说。职工高卫华的爱人黄晴晴也参加了活动，她从事司法相关工作多年，对廉洁工作有深刻的体会，她说：“我经常督促爱人千万不要收受分包单位的礼品礼金，在家庭中树立廉洁家风，用廉洁守护我们的幸福之家。”

“从小事抓起，让‘廉内助’常吹‘廉洁风’，共同构筑拒腐防变的防线，这是我们组织新年廉洁第一课的初衷。”中铁工业纪委负责人表示。（中铁工业纪委 || 责任编辑 王小宁）

中铁工业“新年廉洁第一课”在中央纪委国家监委官网播报

种下“六廉”梧桐树，引来纪检系统“金凤凰”。

2022 年 7 月 19 日，中国中铁驻厦企业与驻地纪委监委在鹭岛厦门举办廉洁文化共建活动，厦门市委常委、市纪委书记严志铭，中国中铁党委常委、纪委书记张建强，中铁工业党委书记、董事长张威共同为中铁工业第 31 个“六廉”工作室启用揭牌。该工作室揭牌启用，推动中铁工业“六廉”文化建设进一步走深走实；同时，监企联合、廉洁共建的“中铁工业模式”进一步巩固。

中国中铁驻厦企业与驻地纪委监委廉洁文化共建暨“六廉”工作室揭牌活动在厦门举行

几年来，中铁工业以“六廉”文化建设为载体，先后与厦门市、郑州市、宝鸡市、舟山市等 14 个省、市级纪委监委形成共建格局，打造了监企联合、廉洁共建的“中铁工业模式”。

2021 年至 2023 年，中铁工业“六廉”工作室迎来大量行业内外纪检监察干部到访，有的是交流，有的是调研，有的是指导。大家的共同目标只有一个：提升纪检监察战斗能力、信心、决心，铸牢党风廉政建设的“红线”与“底线”，保护党的肌体不遭受腐败的侵蚀与毁坏。

中铁工服——2021 年 7 月 21 日，四川省成都市金牛区纪委副书记、监委副主任张蓓参观中铁工服“六廉”工作室，与其一起参加廉洁文化交流活动的，还有成都市纪委宣传部部长车杨。2023 年 8 月 24 日，成都市金牛区委常委、纪委书记、监委主任胥晓刚到中铁工服“六廉”工作室参观后感悟颇深，他说：“我以前还没有见过一个企业将廉洁文化建设得这么有内涵、有载体、有成效。中铁工业从中华优秀传统文化中汲取‘六廉’思想，并赋予了其新时代的内涵，既具有文化性，也具有时代性。”

中铁环境——2021 年 12 月 9 日，湖南省长沙市高新区党工委委员、纪工委书记彭欣荣到访中铁环境“六廉”工作室。2022 年 11 月 8 日，长沙市望城经开区纪工委副书记万海波一行到访中铁环境“六廉”工作室。2023 年 5 月 12 日，长沙市望城经开区纪工委书记谭利辉参观“六廉”工作室后说：“中铁环境六廉品牌建设可以说是望城经开区党风廉政建设工作的一面旗帜，今后要多加强沟通，将好的经验推广学习。打造‘十佳’清廉企业创建工作，建设清廉企业示范窗口，以清廉企业创建为突破口促推企业发展，解决企业难题。”

中铁山桥——2022 年 5 月 30 日，河北省委常委、省纪委书记、省监委主任刘昌林在调研中铁山桥后，要求秦皇岛市纪委对中铁山桥“六廉”文化建设进行全面调研。经秦皇岛市纪委宣传部调研后形成了《用廉洁文化铸百年国企发展之魂》的调研报告，得到了省纪委书记的肯定，并批示：将调研报告全文转发全省国有企业学习借鉴。同时，起草了长篇新闻通讯，以《“廉”花处处开　清风润人心　中铁山桥集团多措并举推进廉洁文化建设》和《中铁山桥集团：用廉洁文化铸百年国企之魂》为标题，分别被《河北日报》党风廉政建设版头条、省纪委监委网站头条刊发。调研报告被《河北纪检监察》内刊摘要转发全省纪检监察机关。

中铁科工——湖北省国资委把中铁科工作为清廉国企的一个示范

点。中铁科工与江夏区纪委共同搭建监企共建平台，通过平台效应，一方面推进纪检工作；另一方面让中铁科工与当地经济发展健康融入，为中铁科工服务地方经济社会发展创造良好环境与条件。在监企共建过程中，对好的经验进行提炼，推动党风廉政建设不断发展，预防领导干部违法犯罪。2022 年，湖北省国资委征集清廉国企案例，中铁科工以“六廉”工作室为辐射的企业廉洁文化建设案例入选，登上了湖北省国资委内部刊物《湖北国资》。

中铁九桥——2022 年 9 月 25 日，江西省九江市纪委监委第六监督检查室主任梅中华到访中铁九桥“六廉”工作室。9 月 28 日，九江市浔阳区委书记张宁率区纪委相关负责人参加中铁九桥启动匠心党建品牌发布暨“六廉”工作室揭牌仪式。2023 年 2 月 27 日，九江市浔阳区纪委常委叶江南赴中铁九桥调研“六廉”文化建设。

中铁宝桥——2023 年 7 月 13 日，中铁宝桥纪委、宝鸡市渭滨区纪委监委企地清廉建设交流活动在中铁宝桥举行。宝鸡市渭滨区委常委、纪委书记、监委主任法拉索，中铁宝桥党委副书记、纪委书记刘军参加。渭滨区纪委监委组宣部，区直机关、卫健局、财政局、民政局、行政审批局、教体局，区所属中小学幼儿园、卫生院、街道社区以及中铁宝桥驻宝单位纪委等单位均派出人员前来参加。活动中大家一起观看了中铁宝桥企业宣传片、“六廉”文化建设宣传片和“六廉”文化主题曲《最美》、诗歌朗诵《“六廉”礼赞》、“六廉”健身操等节目。通过这些活动内容，法拉索感受到了中铁宝桥廉洁文化建设的深厚背景和发展历程，他说：“此次企地共建交流意义重大，夯实了双方清廉建设的基础，为建设清廉渭滨起到了积极作用。”

（六）新质增长，“三个转变”写新篇

“六廉”文化建设落地生根、开花结果的三年，也是中铁工业在“三个转变”和高质量发展上踔厉奋发、勇往直前的三年。

在很多干部职工看来，经过三年时间的精耕细作，“六廉”文化已开枝散叶，深深融入中铁工业的精神谱系，成为中铁工业人接续奋斗新的支点。

在中铁宝桥党委副书记、纪委书记刘军看来，三年的“六廉”文化建设，让“廉”真正走进了中铁工业人的内心，形成了崇尚廉的氛围和风气，激发了践行廉的行动自觉。

“山桥这几年的信访举报逐年下降，我们今年截止到现在，受理信访举报两件，有一件还是上级转办的，我们自己只收到一件。”中铁山桥党委委员、纪委书记刘小刚说，“六廉”文化对干部职工的影响，是显而易见的。

“尽管历史遗留问题很多，但这两年我们收到的举报也少了，这充分说明‘六廉’文化建设对员工的教育起了很大的作用。”中铁装备纪委副书记雷向东说。

以“六廉”文化为基底，中铁工业新的文化生态加速形成。无穷无尽的文化养分，为中铁工业人奋进新征程、建功新时代提供着源源不绝的精神动力。一首首气壮山河的奋斗者之歌，交织成中铁工业开创未来的华美乐章。

2023 年 5 月 9 日，在第七个“中国品牌日”即将到来之际，2023 年中国智造品牌论坛在中铁工业旗下中铁装备举行，河南省副省长宋争辉，国资委宣传工作局局长陈国栋，中国中铁党委副书记、总裁陈

文健，中国中铁党委副书记、工会主席、执行董事王士奇，中铁工业党委书记、董事长张威等出席活动，在全国爱国主义教育示范基地中铁装备盾构总装车间，与会人员沿着习近平总书记考察足迹，再学习再领会“三个转变”重要指示精神，了解国产盾构从无到有、从有到优、从国内第一迈向国际领先的跨越式发展历程。其间，共同见证世界首台绿色盾构机、世界首台大倾角下坡掘进矿用掘进机成功下线，体会着中国中铁在隧道掘进机领域的研发朝着高端化、智能化、绿色化方向的不断迈进。

过去三年，中铁工业在“三个转变”和高质量发展上，取得了举世瞩目的成就。

产品研发捷报频传——

2020 年 7 月 20 日，中铁环境自主研发制造的大吨位污水处理成套设备“CRHIC-SED 污水处理设备（7500t/d）”成功下线，该技术装备填补了国内外技术空白，关键技术已达到国际先进水平。具有一体化设计、安装快、成本低、工效高的特点，满足中小城镇、大型工地、重大环境事件应急抢险污水处理需要，极大优于传统污水处理方式。

2021 年 4 月 8 日，中铁科工自主研制的世界最大吨位整孔预制箱梁运架装备在浙江杭甬高速公路复线建设现场，成功铺架 1800 吨预制箱梁。这套运驾装备在 8 级大风下仍可作业，能够很好地适应不同跨径、小曲线半径、左右幅高低墩等多种特殊工况，还可完成转体梁架设。

2021 年 6 月 17 日，中铁装备自主研制的首台国产高原高寒大直径硬岩掘进机“雪域先锋号”在河南省郑州市顺利下线。“雪域先锋号”刀盘直径 10.33 米，整机总长 245 米，总重量约 2500 吨，是直径最大的国产敞开式硬岩掘进机，也是世界首台双结构硬岩掘进机，对高原高寒地区隧道施工具有开创意义，标志着中铁装备在这一领域达到世界领先水平。

2021年7月6日，中铁宝桥自主研制的世界第一组时速600公里高速磁浮道岔在山东省青岛市通过中车青岛四方机车车辆股份有限公司组织的验收。道岔全长近80米，宽近3米，转辙距近4米，列车直向最大通过速度达600公里每小时，是目前世界上通过速度最快的高速磁浮道岔。

2021年12月14日，江西理工大学、中铁科工联合自主研制的磁浮空轨车辆“兴国号”在湖北省武汉市下线。“兴国号”最大可载88人，设计最高时速120公里，是世界上首次将永磁悬浮技术应用于空轨车辆。

2022年1月18日，中铁科工成功研制出首台桩梁一体架桥机“共工号”，实现桥梁建造完全装配化施工。具有完全自主知识产权的“共工号”整机长92米，自重575吨，有效跨度达48米，拥有5条支腿、3个天车、1个打桩装置，实现了引孔、打桩、架梁、拼装桥墩全套“空中作业”，既能提效降本，又能保护生态，推动桥梁建造进入3.0时代。“共工号”入选“2022年度央企十大国之重器”。

2022年10月15日，由中铁装备自主研制，应用于黑龙江省黑河市多宝山铜矿项目的全球首台大坡度超小转弯半径矿用掘进机“紫金建设号”顺利始发。这是继水平掘进、垂直掘进后，中铁装备在挑战新工况——斜坡转弯掘进路上迈出的关键一步。

2022年10月26日，世界首台矿用机动型掘进机“凉都号”在贵州省六盘水高新技术产业开发区顺利下线。由中铁装备自主研制的

“凉都号”，具备整机长度短、机动灵活、转场便捷等优点。“凉都号”搭载了液压驱动系统、可开门式刀盘、智能化锚杆钻机系统、新型底部清渣装置等一系列新技术，使得其更加适合在煤矿环境下开展掘进作业。

2022 年 11 月 9 日，中铁装备自主研制的国内首台矿用可变径敞开式掘进机“中铁 1159 号”通过验收，顺利在洛阳基地下线。首次采用刀盘可变径技术，设备开挖直径可根据施工需求实现 5.53 米到 4.88 米变径，同时在防溜、操作便利度、转弯能力等方面进行了优化设计，大大提高了设备的地质适应性和施工安全性。

2023 年 1 月 6 日，中铁装备自主研制的世界最大断面组合式矩形盾构顶管机“中铁 1179 号”在河南省郑州市下线。“中铁 1179 号”是我国在矩形顶管技术上的再次重大突破，进一步巩固了我国在这一领域的国际领先地位。

2023 年 3 月 6 日，中铁科工、中铁装备等单位联合自主研制的世界首创绿色装配式综合管廊 U 盾架管机“雄安号”顺利始发，投入雄安新区综合管廊施工。“雄安号”的投用大大推进了综合管廊产品制作的工厂化、机械化，既能提效、提速、降本，又能减排、减污，使中国装配式综合管廊施工成套技术和装备达到世界领先水平。

2023 年 5 月 10 日，中铁宝桥自主研制的Ⅲ代高锰钢组合辙叉在陕西省宝鸡市发布。作为我国自主研制的新一代高锰钢辙叉产品，Ⅲ代高锰钢组合辙叉最大通过总重达 6 亿吨，是目前国内最高纪录。其核心部件采用中铁宝桥自主研发的高强韧、高致密高锰钢制造，具有很高的韧塑性和优良的抗磨损、抗冲击等优点，满足了大运量条件下的长寿化需求，关键技术处于国内领先水平。

2023年9月28日，中铁装备和中铁二局联合自主研制的超大直径泥水平衡盾构机“龙岗一号”在中山基地下线。“龙岗一号”开挖直径14.33米，整机全长约122米，总重超过3850吨，专门用于深汕铁路6标段盾构隧道施工。根据工程施工存在的长距离硬岩掘进、溶洞、断层破碎、高承压等风险，中铁装备对“龙岗1号”进行了针对性设计，保障了设备在复杂地层的适应性和高效掘进。

……

独立自主高歌猛进——

截至2022年底，中铁工业38项科技成果达到国际领先水平，125项成果达到国际先进水平；获得授权专利4154件，其中国际发明专利15件，国内发明专利967件；主（参）编国家或铁道行业标准及工法167项，其中国家标准44项。

卡脖子技术攻关取得新突破，依托国家1025专项，完成大型盾构机密封、大排量泵、遥控器及变频器等核心部件技术开发及样机、样件研制，并进行了搭载试验和试验检测。

在工程施工机械业务领域，掌握了新型轨道交通空轨车辆、双轮铣等高端装备核心部件的加工制造能力，实现关键部件生产自主可控。

布局前瞻性、基础性和共性技术研究，在钢结构绿色制造工艺及关键技术、基于5G隧道成套施工机器人、钢构自动组焊、智能打磨、道岔新型材料、钢结构涂料等方面进行了研究。

……

生产能力举世无双——

在隧道施工装备及相关服务业务领域，建有郑州、武汉、厦门、成都等18个隧道掘进机生产基地，56条盾构机、掘进机生产线。郑州产业园建成盾构产业4.0制造基地。

在道岔业务领域，拥有六大生产制造基地，建成投产重载高锰钢辙叉生产基地，标志着我国重载高锰钢辙叉研制开启2.0时代。

在钢结构制造与安装业务领域，拥有山海关、扬州、九江、贵州等14个生产基地。九江、南通钢桥梁智能制造基地达到工业3.0水平。

……

世界品牌呼之欲出——

中铁工业积极响应“一带一路”倡议，精准筹划推动“中国制造”和“中国创造”走出国门，进军海外市场，服务人类命运共同体。

中铁装备采用国际标准，成功研制出澳大利亚雪山隧道直径11米硬岩掘进机、法国巴黎地铁直径9.8米土压平衡盾构机、土耳其高速铁路直径8.54米土压平衡盾构机、巴西圣保罗地铁直径11.66米土压平衡盾构机，世界最大直径15.08米格鲁吉亚公路隧道硬岩掘进机，海外出口占国产盾构出口总量的70%，现已成为最具国际影响力的中国掘进机制造企业。截至目前，中铁装备出口产品100余台，遍及30多个国家和地区，占我国同类产品出口的70%以上，成为我国出口海外掘进机数量最多、市场占有率最高、品牌知名度最强的企业。

2021年，中铁山桥向雅万高铁供应道岔，这是中国高速道岔制造技术第一次系统集成化出口，标志着中国铁路标准走向世界迈出第一步。

2023年11月8日，中铁山桥开始向匈塞铁路供应道岔，标志着中国高速道岔制造技术首次系统集成出口欧洲，对推动中国制造进入欧洲铁路市场具有重要意义。

作为中国品牌日首倡地和诞生地，中铁工业将品牌作为企业重要资产进行经营管理，逐步构建起以产品品牌、技术品牌、服务品牌、文化品牌、人物品牌、党建品牌为主体的品牌集群，“中铁工业、世界品牌”的美誉度不断提升。2022 年企业品牌价值达 139.05 亿元，突破历史新高，荣获“新时代品牌十年卓越影响力品牌”。

……

高质量发展再上新台阶——

2022 年新签合同额、营业收入、净利润分别是重组时的 205%、181%、139%。

2023 年上半年实现营业收入 148.98 亿元，同比增长 8.24%。

2023 年上半年实现利润 10.09 亿元，同比增长 9.75%。

2023 年上半年完成新签合同 301.83 亿元，同比增长 3.45%。

隧道掘进机、桥梁钢结构、道岔、架桥机全部通过工信部“制造业单项冠军”认定。自主研发的盾构机、掘进机产销量连续 6 年全球第一、连续 11 年国内第一，各类产品应用于国内 40 余个城市，基本实现地铁、铁路、公路、水利、矿山、市政等各应用领域“全覆盖”。桥梁钢结构、道岔、架桥机三项产品市场占有率均超过 60%。

隧道掘进机、桥梁钢结构、道岔、架桥机全部通过工信部“制造业单项冠军”认定

2021 年，中铁装备荣获中国质量领域最高奖——中国质量奖，是

中国隧道掘进机行业第一家获得这一奖项的企业。2023年，中铁装备成功入选全国首批200家“创建世界一流专精特新示范企业”。

……

沧海横流方显英雄本色。在新的伟大征程上，一批又一批中铁工业人，带着历史责任感和使命感，呕心沥血，向难而行，以智慧开路，不断攀登高峰。

雷向东至今记得20多年前自己费尽周折购买国外盾构机时的复杂心情。

2001年，作为铁道部隧道工程局一处干部，雷向东奉命参与购买两台德国盾构机修建南京地铁一号线。当时，为了打破隧道掘进设备被国外垄断的局面，铁道部隧道工程局决定成立研发组，开展技术攻关，购买德国盾构机一方面是为了修地铁，另一方面也是为了在盾构机使用过程中进行研究。

“为啥要做盾构？因为当时被卡脖子卡得难受。怎么卡你？机器来了，咱啥也不会，人家给你组装调试完，走了，你在掘进的过程中出现问题了，自己弄不了，给人家打电话，人家从欧洲家里头出门那一刻起开始算时间，一天800欧元。来了之后，实际上都是小问题，当时跟两个兄弟说，你们跟紧点，看人家是怎么给我们修的，问题到底出在哪儿。这两个兄弟跟得可紧，但人家贼得很，一会儿就安排你去给我拿个手套，你去给我拿个扳手，等手套扳手拿来，机器好了，咋弄好的，你看不见。”雷向东回忆道。

“当时成立了18人的团队，现在叫‘十八罗汉’。2002年开始攻关，到2008年第一台下线，花了6年时间。大家都很激动，我们终于扬眉吐气了。”雷向东说。

2008年4月26日，我国自主研制的首台能够在复杂地质中作业的盾构机“中国中铁1号”在河南省新乡市下线，这是我国隧道掘进机行业走上自主化道路的里程碑事件。勇挑重担的18人研发组，正是中铁装备的源头。铁道部隧道工程局后改制为中铁隧道集团有限公司。2009年12月23日，中铁隧道集团有限公司以盾构研发部门为基础成立了中铁隧道装备制造有限公司。2011年3月，中铁隧道装备制造有限公司将总部从新乡迁至郑州，并于2013年9月更名为中铁工程装备集团有限公司。

仅仅10多年时间，中铁装备已发展成为隧道掘进机行业国际领军企业，靠的是不断传承的红色基因，靠的是永葆生机的精神谱系——它们是中铁工业积厚流光、与时俱进的文化生态的内核。

中铁九桥北方分公司安全员汪堃从事安全管理工作已有14个年头了，55岁的他依然没有丝毫松懈，在每一个工地上都严格坚守着岗位，忠实地履行着一名安全员的职责。

“廉法，我的理解就是守规矩。我认为你要管别人，首先自己要做好。你自己进工地不戴安全帽，你自己上高空不系安全带，你自己上班喝酒，工人你怎么管？”他说。

2023年7月下旬，台风“杜苏芮”登陆福建后北上，带来强降水过程，根据预报，京津冀地区的“疯狂降水”从7月29日开始，预计累计降水量会超600毫米。

当时，汪堃在北京市门头沟区国道109新线高速公路安家庄特大桥项目上当安全员，安全管理的对象是中铁九桥项目部的100多名施工人员。7月29日上午，门头沟区要求项目人员全部紧急撤离至盘龙山庄方舱医院，汪堃立即配合项目部组织人员撤离。从7月29日晚开始，倾盆大雨下个不停，到7月31日上午，暴发了山洪。“除了结构，现场的设备全部被冲走了，十几吨重的东西都冲走几百米远，有的找都找不到，光清理现场淤泥都清了一两个月。通信、电力、水都中断了。我带着工人住在方舱医院里，给他们分发物资，安抚他们，让他们不要乱跑。一直到 8 月 2 日，暴雨停了，工人们都回家了，我才离开方舱医院。我沿着铁路线走了 20 多公里。”汪堃回忆。

其实，汪堃只是广大中铁工业人的一个缩影。对于中铁工业人而言，类似的事情非常常见，仿佛不值一提。但从中我们看到的是一位老职工在面临严峻考验时，做自己该做的事并做到最好。他的样子就是每一位中铁工业人的样子。

一辈子做好自己，做好力所能及的事，持续不断为企业增砖添瓦——这就是中铁工业人的样子。

作为“桥二代”，讲起自己的“桥一代”父亲，汪堃的言语中充满自豪。他的父亲是中铁大桥局四公司的职工，参与修建了武汉长江大桥、南京长江大桥、九江长江大桥、白沙沱长江大桥等著名桥梁。“南京长江大桥上的灯柱，就是他用吊机吊上去的。老一辈见证了我们国家工业发展和桥梁建设的进步。不管是国内的项目还是国外的项目，光看现场那些国产的装备，就值得骄傲！”汪堃说。

半个世纪前，那些在重庆白沙沱长江大桥不远处的外婆家热切期盼外出造桥的父亲归来的日子，对于汪堃来说，既充斥着“一年只能见到一次父亲”的心酸，又洋溢着“父亲又为国家造桥一年”的骄傲。他的父亲和其他老一辈中铁工业人一道给他做了榜样，所以虽然已经 55 岁，他依然干劲十足，满心想着在自己的本职岗位上再干出点无愧于心的成绩来，好给像“过去的自己”一样的年轻一代做个榜样。

百年浩瀚历史，薪火相传，一代接着一代干。星河灿烂，战鼓声声，梦想的天地无边广阔。

“六廉”，其实一直刻在中铁工业人的骨子里、流淌在他们的血液中，只不过在某个特殊的历史时刻，被高高举起的传统文化的火把照亮了。天上春雷滚滚，地上春潮涌动，已经创造了无数奇迹的中铁工业人，正昂首阔步走在通往未来的康庄大道上。（新华社湖北分社 谭元斌）

——中铁工业 于竞棋 绘